월급
200만원인데
1억 어떻게
모으지?

월급 200만원인데 1억 어떻게 모으지?

김형리 지음

숨은 돈은 **찾고**
새는 돈은 **막고**
있는 돈은 **불리고**

프로젝트A

돈을 벌고 싶다면
돈 계획부터 세워라

2019년 4월, 벚꽃이 활짝 피던 날, 저는 남편과 초등학교 5학년인 작은아이를 데리고 제주올레길 걷기를 시작하였습니다. 2021년까지 1년에 두세 차례 제주를 방문해 총 425KM 올레길 26코스를 완주하였습니다. 함께 걷고 이야기하며 제주도의 멋진 바다와 오름을 눈에 담았습니다. 그 덕분에 작은아이의 사춘기는 무던히 지나갔습니다. 지금도 저는 제 주변 사람들에게 제주올레길 완주와 아이와의 소통, 3년에 거쳐 올레수첩에 완주 도장을 찍었던 경험을 전합니다. 꾸준히 시간을 투자하여 인생에서 잊지 못할 목표를 달성한 경험은 이루 말할 수 없는 벅참이 있습니다.

사람들은 누구나 부자가 되고 싶어 합니다. 돈을 버는 방법, 즉 재테크에 관심이 높습니다. 하지만 반복적이고 시간을 투자해야 재테크 성공률이 높다는 논리를 받아들이지 않는 것 같습니다. 대부분 짧은 기간 동안 많은 돈을 벌고 싶어 하지요.

하루아침에 제주 올레길 26코스를 완주할 수 없는 것처럼 목표금액을 정하고 돈계획을 세워 꾸준히 실행한다면 좋은 결과가 돌아올 것입니다.

"김 팀장은 재테크 어떻게 하나요?"

나를 만나는 모든 사람에게 첫 번째로 받는 질문입니다. 30년 넘게 은행에서 근무하고 있고, VIP고객 상담을 주로 하면서 동시에 상담 업무를 하는 직원들과 상담 사례를 두고 왈가왈부 토론을 하는 일을 하고 있다고 하니 비법이 있다고 여긴 것이겠지요. 이 질문에 대해 나는 늘 "특별한 재테크 노하우는 없습니다."라고 대답합니다.

은행원은 아무래도 평소에 다양한 상품 정보를 살펴볼 수 있습니다. 실제로 투자해 수익을 보기도 하고 손실을 보기도 했는데, 이런 상품군을 보유하면서 금융시장에 많은 관심을 가질 수 있었습니다.

사회생활을 시작하면서부터 꾸준히 저축했습니다. 그렇게 마련한 2,300만 원의 전세 자금으로 신혼살림을 시작하였고, 20년이 지난 2023년 현재 서울 소재 아파트와 5억 원가량의 금융자산을 보유하고 있습니다.

아이가 태어나면 아이 이름으로 통장을 개설해 저축을 시작했습니다. 얼마 전 대학생인 첫째아이의 통장 잔고를 확인해보니 제법 큰 액수가 쌓여 있었습니다. 중학생인 둘째아이의 예금 잔고도 액수가 제법 되었습니다. 아이의 미래를 위한 자금과 동시에 부부의 노후 자금도 계획을 짜 돈을 모았습니다. 5년 후 퇴직하면 공무원인 남편의 연금(매월 270만 원 수령 예정)과 그동안 가입해 놓은 다양한 연금 상품 그리고 65세 이후 수령할 국민연금을 활용하여 연금 소득으로 노후 생활을 꾸려나갈 수 있도록 설계했습니다.

저축과 투자로 차곡차곡 모으면 어느새 상당한 목돈을 마련할 수 있다는 진리를 몸소 깨달았습니다. 이는 은행원으로 근무하면서 꼭 전달하고 싶은 메시지이기도 합니다.

2005년 국제재무설계사(CFP) 자격증을 취득한 이후로는, 은행 창구에 예금을 가입하러 오는 고객들에게 종합자산관리 전문가로서 상담을 진행하고 있습니다. 상담 업무를 맡은 지 얼마 안 되었을 때, 어느 날 한 고객이 고액의 돈을 들고 예금에 가입하러 왔습니다. 며칠 후 여유 자금을 더 가져올 수 있다면서 '지금 이 상품을 가입하는 것이 옳은지'를 물어왔습니다. 그때 나는 이렇게 말했습니다.

"고객님, 저는 고객님을 오늘 처음 알게 되었고 저희 은행 예금 금리가 다른 은행에 비해 높아서 상품을 가입하러 오셨으니 오늘은 이 상품을 가입하시고 앞으로 저와 좀 더 시간을 가지고 이야기를 나누면서 추후 목돈은 고객님께 정말 적합하다고 판단되는 상품으로 추천해드리도록 하겠습니다."

그날 고객은 특판 예금을 가입했습니다. 이후로도 종종 나를 찾아와 은행상품이나 시장 흐름에 대한 정보를 묻곤 합니다. 그렇게 15년간 소중한 인연을 이어가고 있습니다. 나중에 들어보니 상품 가입에 연연해하지 않고 향후 고객의 자산 규모나 목적, 여유 자금 활용 기간 등 다양한 정보를 요구하며 고객에게 적합한 상품을 추천하겠다는 은행원은 처음이었다고 합니다. 그 마음가짐 그대로 지금도 나는 개인의 자산 규모나 목적에 따른 종합자산관리 설계가 중요하다고 생각합니다.

2010년부터 농협은행의 PB팀장으로 근무하면서 고객들에게 종합자산관리의 큰 틀에서 재무설계 관점으로 상담과 상품 가입을 추천하고 있습니다. 사회초년생, 신혼부부, 40대의 중산층, 50대의 은퇴예정자, 60대의 퇴직자 등 다양한 사람을 만났고 종합자산관리 설계를 해드렸습니다. 내가 하는 일에 자신이 있었고 돈 나올 구멍을 찾는 작업이 재미있었습니다. 그리고 무엇보다도 내 상담에 만족해하는 고객을 보면 뿌듯했습니다.

상담을 진행하면서 세대별로 공통적인 특징이 있었습니다. 사회초년생 20대, 맞벌이 부부 30대, 중고등학생 자녀를 둔 40대, 노후를 대비하기 시작하는 50대, 노후가 코앞인 60대를 대표군으로 하여 공통적인 특징을 정리해보면 다음과 같습니다.

　사회초년생 20대는 3분의 2 이상이 수입 대비 지출이 많았습니다. 해외여행에 대한 갈망도 많고 예상치 않은 부동산 가격의 상승으로 내 집 마련에 대한 꿈도 저버려야 하고 가상화폐나 주식 등의 투자로 성공과 실패의 등락을 크게 겪다 보니 안정적이며 꾸준한 금융 거래는 크게 선호하지 않습니다. 억눌렸던 욕구들이 소비로 나타나고 비슷한 또래들의 생활 패턴을 따라가는 현상이 뚜렷합니다. 맞벌이 부부 30대는 유아 양육에 따른 부가적인 인건비 지출과 육아에 대한 스트레스 해소를 위하여 외식, 여행, 쇼핑 등에 지출 비율이 높습니다. 물론 주거안정을 위한 주택매입비용에 따른 이자, 세금 부담 등도 높습니다. 중고등학생 자녀를 둔 40대는 사교육 지출이 많습니다. 거주중인 집을 더 넓히고 싶은 욕망도 생기고, 직장 동료나 친구들과 사교적인 취미생활을 하는 지출도 발생합니다. 50대는 짧아진 정년과 대학을 졸업하고도 취준생으로 남아 있는 자녀로 걱정이 많았습니다. 60대는 30년 이상 길어진 노후 생활에 대한 생활비 걱정으로 위험한 투자자산을 운용하는 경우를 흔히 보았습니다.

　연령별 상황별로 재무 설계가 필요합니다. 억대 자산가만 재무 설계를 할 수 있는 건 아닙니다. 30년간 고객의 소중한 자산을 지키고 늘릴 수 있도록 재무 설계를 해온 사람으로서 더 많은 이에게 실질적인 조언을 주고자 이 책을 쓰게 되었습니다.

이 책의 1부에는 실제 상담 사례를 바탕으로 연령별 상황별로 30가지 재무 상담을 실었습니다. 공감할 만한 사례 위주로 선정하였으므로 자신의 상황에 적용해 실질적인 도움을 얻을 수 있을 것입니다. 2부에는 안정적이고 꾸준한 수익을 내는 재테크 수단으로서 펀드를 다룹니다.

부자는 돈이 많아도 늘 근검절약한다고 합니다. 누구나 돈을 마음껏 소비하는 것은 평생이 희망사항이며 그로 인한 즐거움을 늘 갈망하고 바라고 있습니다. 하지만 계획하는 목돈을 마련하기 전까지는 한 번 더 생각해보고 소비하며, 할인과 절약을 기억하며 절제된 생활을 하는 것이 부자의 지름길이기도 합니다. 개인의 상황에 따라 수입과 지출을 조절하여 꾸준한 저축과 투자로 목돈을 형성하고 제대로 된 재테크를 통하여 부자가 되는 데 부디 이 책이 도움이 되기를 바랍니다.

저에게 이런 기회를 주신 자화상출판사 관계자 여러분과 묵묵히 곁에서 저의 동반자 역할을 해주는 남편 그리고 듬직한 두 아들 건무와 건림에게 고맙다는 말을 전하고 싶습니다.

김형리

PART
2

장기적으로 가장 효과적인 재테크, 펀드

PART

1

가계 비상!
돈 계획을
세워야 할 때

CHAPTER 1

알뜰살뜰
차곡차곡
종잣돈
마련하기

월급 200만 원인데
1억 어떻게 모으지?

목돈은 따로 관리하라

27세 L씨는 영상편집 기술을 보유한 전문가로 기업체에 2년 계약직으로 근무하고 있다. 부모님과 함께 거주하고 있기 때문에 생활비 지출에 대한 걱정이 없어서 씀씀이가 자유롭다. 향후 몇 년 동안 결혼 계획이 없어서 지금껏 돈을 모아야 할 필요성도 느끼지 못했다.

그런데 최근 주변 친구들이 재테크에 관심을 갖고 다양한 투자를 하고 있다는 사실을 알게 되었다. 그리고 한번 확인해본 자신의 통장에 번쩍 '자산을 관리해야겠구나!' 하고 자각하게 되었다. 현재 자신의 소비 패턴에 문제가 없는지, 앞으로 자산을 어떻게 불려나가야 할지 궁금하다.

투자를 시작하는 초심자에게 조언해준다면?

L씨는 2~3년 내에 결혼이나 개인 사업 등 특별한 목적으로 자금을 마련할 계기가 없어서 딱히 투자에 관심이 없었다. 지금 다니고 있는 회사도 다음 해 9월이면 계약이 만료되기 때문에 안정적인 수입에 대한 리스크가 있다.

우선 '4년 동안 1억 만들기' 프로젝트를 스스로 만들어서 실천해보길 권한다. 목표를 설정하면 소득과 지출에 대해 구체적인 금액을 체크하게 되고, 목표 금액을 달성하기 위한 투자 자산 운용에 더 관심을 기울이게 되기 때문이다.

L씨와 상담을 진행하면서 퇴근 후와 주말에 친구들과 식비 및 쇼핑에 지출이 많다는 것을 확인할 수 있었다. 내년에 다시 재취업을 고민해야 하는 상황으로 영상편집 기술의 노하우를 배울 수 있는 좀 더 전문적인 자기개발 기회를 가지기로 했다. 여유 시간을 알차게 사용하고 식비나 쇼핑비용을 줄여서 신용카드 대금 30만 원을 절약하고 그 자금을 자기개발비로 사용할 예정이다.

정기 적금 만기 수령액을 어떻게 운용해야 할까?

L씨와 상담을 진행 하는 중에 여유 자금을 비축해두는 파킹 통장의 잔액을 확인하면서 스스로 깜짝 놀랐다. 연초에 정기 적금 만기로 생긴 목돈 1,580만 원을 넣어두었는데 현재 잔액이 1,440만 원만 남아 있었던 것이다. 5개월 동안 급여 수령 후 모든 지출을 공제하고 남는 여유 자금을 파킹 통장에 이체하고 있었는데도 잔액이 생각했던 수준에 못 미쳤다.

파킹 통장은 연 3% 이내 이자로 일반 입출금 통장보다는 이율은 높지만 목돈 관리 명목으로 통장을 분리하지 않으면 어느새 나도 모르는 사이 지출이 발생하여 잔액이 줄어드는 경우가 허다하다.

L씨의 투자 성향은 안정형이므로 1,000만 원의 금액은 금리가 변동될 확률이 높으므로 파킹 통장보다는 3.5~3.6% 확정 금리 정기 예금 상품에 가입하는 것을 추천한다. 나머지 400만 원으로 이번 기회를 통해 투자에 도전함으로써 투자 상품의 비중을 조금씩 늘려가도록 지수형 ELS가입을 추천한다. KOSPI200, S&P500, EuroStoxx50을 기초지수로 구성하는 상품으로 연 6%대의 수익을 얻을 수 있다(2023년 기준). 1차 6개월 후 기초지수와 비교하여 95% 이상이면 조기상환이 가능하고 조건 충족 여부에 따라 최장 3년까지 만기가 연장될 수도 있음을 유의하고 가입해야 한다.

안정적 투자 성향을 가진 사람은 어떻게 투자해야 할까?

　L씨는 적금으로 68만 원, 파킹 통장 51만 원 등 총급여의 47.6%를 안정형 상품에만 저축을 하고 있다. 20대인 사회초년생은 소득기간이 30년 이상 남아 있으므로 저축의 50% 이상은 투자상품으로 가입해야 한다. 펀드, ETF, 주식 등 투자자산에 매월 꾸준히 적립하여 L씨의 투자 성향에 따른 연 7% 내의 수익을 얻을 수 있도록 포트폴리오를 구성하는 것을 추천한다.

　청년희망저축에 50만 원은 연 10%금리의 고금리로 지속적으로 유지하며, 주택 청약 종합저축은 불입 금액을 3만 원에서 10만 원으로 증액해야 한다. 주택 청약 시 납입 인정금액이 10만 원까지이며 납입 횟수와 납입 누계액이 가산점수로 산정되기 때문이다. 정기 적금 15만 원은 연 4%로서 2년 만기이지만 이미 9개월 불입된 상태이니 유지하고 만기 자금을 수령하였을 경우 그 시기의 시장 상황에 맞는 상품을 추천받아야 할 것이다.

　파킹 통장에 남아 있는 50만 원은 매월 적립식으로 ISA계좌 상품의 가입을 추천한다. ISA계좌는 이익의 200만 원까지 비과세 혜택을 적용받을 수 있고 일임형 ISA계좌는 본부 전문가가 운용하며 다양한 펀드 상품군으로 포트폴리오를 구성하고 있으며 투자자의 성향에 따라 유형을 선택한 후 가입 가능한 상품이다.

여행 경비 마련을 위한 상품을 추천한다면?

L씨는 영상편집 전문가로서 프리랜서 형식의 아르바이트가 가능하다. 평일 퇴근 후와 주말에 특별한 계획 없이 친구들과 함께 여가 생활을 하다 보니 예상외의 소비가 많아지고 있다. 아르바이트를 하는 경우 한 달에 30만~40만 원 정도 소득이 발생할 수 있으니 이 돈을 활용하여 적립식 펀드를 꾸준히 불입하는 것이다.

글로벌 시장은 인플레이션 영향으로 금리 변동성이 여전히 남아 있어 뚜렷한 방향성을 보이지 않는 변동성 시장이 2023년 연말까지는 계속될 듯하다. 시장의 등락에 연연해하지 않고 꾸준히 적립식으로 투자하게 되면 향후 좋은 성과를 기대할 수 있다. L씨의 경우 투자 상품 가입 경험이 없으므로 섹터별 투자보다는 S&P지수나, 나스닥지수를 추종하는 ETF 또는 펀드를 권한다.

L씨의 4년 후 '1억 만들기 프로젝트'가 성공하려면 상담 받은 내용을 토대로 바로 실천하는 것이 중요하다. 파킹 통장의 여유 자금은 정기 예금과 ELS로, 매월 50만 원은 ISA상품으로, 신용카드 대금 30만 원은 자기개발비로 설계했다. 또 여유시간을 활용하여 아르바이트 수입 30만~40만 원을 창출해 적립식 펀드로 돌려 여행을 실천하기 위한 목적 자금 마련을 권했다.

매월 149만 원을 연 7%로 운용할 경우 4년 후 8,270만 원의 자금 마련이 가능하며 여기에 현재 보유액 2,000만 원을 더하면 '1억 만들기 프로젝트'를 달성할 수 있다.

📈 알뜰살뜰 솔루션

[월 1,490,000원 / 연7% / 4년]

수익률	3.00%	5.00%	7.00%	10.00%	15.00%
3	₩56,194,771	₩57,983,06	₩59,842,909	₩62,773,704	₩68,062,379
4	₩76,077,219	₩79,321,313	₩82,741,622	₩88,225,650	₩98,405,177
5	₩96,564,411	₩101,751,268	₩107,295,685	₩116,342,748	₩133,625,717

상담 전			상담 후		
수입	급여 등	250만 원	수입	급여 등	250만 원
				기타 수입	30만 원
지출	청년희망적금	50만 원	지출	청년희망적금	50만 원
	주택청약저축	3만 원		주택청약저축	10만 원
	정기적금	15만 원		정기적금	15만 원
	실비보험	1만 원		개인종합자산관리계좌(ISA)	50만 원
	신용카드 대금	100만 원		적립식 펀드, ETF	24만 원
	엄마 용돈	30만 원		실비보험	1만 원
	파킹 통장	51만 원		신용카드 대금	70만 원
	–	–		자기개발비	30만 원
	–	–		엄마 용돈	30만 원
	총계	250만 원		총계	280만 원
자산현황					
자산	청년희망적금	250만 원	부채	해당 없음	–
	주택청약저축	142만 원			
	정기적금	135만 원			
	파킹 통장	1,440만 원			
	총계	1,967만 원			

금융 상품 수익률이
저조한데 갈아타야 할까?

ELS에 투자하고 보험은
급여의 10% 이내로 하라

26세 K씨는 얼마 전 이직한 후 서비스업종에 2년 계약직으로 취업한 상태이며 결혼은 아직 계획이 없다. 3년 후 1억 원의 목돈을 마련해 작은 카페를 개업하고 싶다. 전 직장인 H손해보험사에서 2년 재직하면서 받은 우리사주 주식과 예금으로 여유 자금 6,200만 원을 보유하고 있는데 현재 저축과 소비 패턴으로 목돈 마련이 가능할지 걱정된다. 투자하고 있는 금융 상품 성과가 좋지 않아서 앞으로 어떻게 투자해야 할지, 보험 상품을 추가 가입해야 할지 궁금하다.

주식과 펀드 수익률이 저조한데 계속 유지해야 할까?

보유 주식 가운데 65%는 전 직장인 H손해보험에서 근무할 때 우리사주로 받은 종목으로 현재 50% 손실 상태다. 나머지 35%는 재테크 유튜브와 지인의 추천을 받아 매입한 코스닥 종목으로 손실이 35% 정도다. H손해보험 주식은 반 토막 난 상태이지만 금리 변동기로 금융주 상승을 예측하기는 어려운 상황이므로 목표 손실률을 정하고 당분간 보유한 뒤 매도하기를 추천한다. 나머지 주식은 코스닥 종목으로서 코스피 종목 대비 위험이 크니 손실률이 10% 이내인 시점에 좀 더 안정적인 대형 성장주 종목으로 갈아탈 것을 추천한다.

정기 예금 상품의 금리가 너무 낮은데
다른 대안 상품을 추천해준다면?

K씨가 가입한 정기 예금은 연 3%대 특판 예금이다. 그런데 이 특판 예금의 금리는 물가지수 상승에도 미치지 못하고 있다(2023년 1월 소비자물가지수는 2022년 같은 달보다 5.2% 상승함). 변동성 장세에서 개별 종목 투자가 어렵고 상대적으로 안정적인 상품을 찾는다면 기초 자산을 지수로 산정하는 주가연계증권(ELS) 상품을

추천한다.

S&P500, 유로스톡스50, 코스피200을 기초 지수로 구성하는 상품은 연 6%대의 수익이 예상된다. 주가 지수를 추종하기 때문에 개별 종목보다는 안정적인 편이다. 다만 원금이 보장되는 것은 아니고 조기 상환 요건을 충족하지 못하면 최장 3년까지 만기가 연장될 수 있다는 점을 유의해야 한다. K씨는 3년 이후 개인 사업을 계획하고 있기 때문에 만기가 돌아온 정기 예금 상품을 ELS로 변경하면 좋을 것 같다.

20대 맞춤형 저축 및 투자 전략을 추천한다면?

K씨는 매월 청약 저축에 10만 원씩 꾸준히 넣고 있는데 청약 저축은 서울 지역의 경우 1,500만 원만 예치하면 모든 평형에 청약이 가능하다. 민영 주택의 1순위 자격 조건인 24회차 불입도 충족한 상태여서 더 이상 넣지 않아도 된다.

청년희망저축은 연 10% 정도 예상되는 수익률 높은 상품을 챙겨서 가입했으니 만기까지 꾸준히 넣는 것이 좋다.

K씨는 매월 여유 자금 60만 원을 입출금 통장에 남겨두고 한 달에 30만 원 정도는 현금을 사용하고 있는데 현금보다는 체크카드를 추천한다. 체크카드는 현금과 동일하게 연말 정산 혜택이 있

고 추가적으로 포인트나 할인 혜택을 받을 수 있기 때문이다.

매월 생기는 여유 자금 60만 원과 기존에 청약 저축에 넣던 10만 원은 일임형 개인종합자산관리계좌(ISA)와 적립식 펀드·상장지수펀드(ETF)에 넣는 것을 추천한다. 일임형 ISA는 연 200만 원까지 비과세 혜택을 받을 수 있다. 또 개인 투자 성향에 따라 유형을 선택할 수 있고 본부의 전문가가 운용하기 때문에 직접 투자보다는 안정적 성과를 낼 것으로 보인다. 펀드나 ETF는 매달 급여에서 자동 이체하는 정액 적립식을 권장하며 금리 변동기이므로 글로벌 시장을 지켜봐야겠지만 향후 금리 하락기를 예상하여 채권형 상품을 추천한다.

비상 예비자금은 매월 생활비의 3배 정도를 유지하는 것이 바람직하다. 현재 입출금 통장에 예치돼 있는 200만 원을 머니마켓펀드(MMF) 상품으로 전환해 비상 예비자금 명목으로 보유하고 있으면 좋다. MMF 통장은 연 3% 초반으로 입출금 통장보다는 좀 더 나은 금리를 적용받을 수 있다.

보험 상품에 추가로 가입할 필요가 있을까?

보험은 급여의 5~10% 이내로 가입 하면 좋다. K씨는 실비 가입으로 질병 대비가 돼 있지만 가장 보편적 상품인 암 보험이 없어 진단비 5,000만 원 정도의 상품에 가입할 것을 추천한다. 보험 기간은 장수할 것을 고려해 100세 만기로, 보험료는 갱신형보다는 비갱신형으로, 납입 기간은 최대한 길게 가져가는 것이 유리하다. 최근에는 40년까지 불입할 수 있는 보험 상품이 출시됐다. 또 사고에 따른 보험금을 수령한 뒤 납입 면제 특약을 활용할 수 있는 방법도 고려할 필요가 있다.

3년 후 1억 원 마련은 청약 저축 2,000만 원을 제외하고, K씨의 투자 성향에 따라 금융 상품 목표 수익률을 연 7%로 잡아 매월 120만 원씩 부어 약 4,800만 원을 마련하고, 펀드 1,000만 원과 ELS 1,000만 원, 정기 예금 2,000만 원의 목돈 4,000만 원은 4,900만 원이 예상되어 합계 9,700만 원을 준비할 수 있을 것이다.

K씨는 부모님과 함께 거주하면서 소득대비 50% 이상 저축하고 있는 현명한 투자자이다. 전문직이 아니라는 핸디캡을 극복하고자 3년 후 개인사업을 목표로 매월 일정액을 꾸준히 적립하며 충실한 자금관리를 하고 있다.

손실을 실현하고 있는 보유 투자 상품 및 주식은 손실 목표 수익률을 정하여 비중을 재조정해야 한다. 정기 예금과 매월 여유 저축금액 60만 원은 3년이라는 장기 투자기간을 고려하여 좀 더 적극적인 투자 상품으로 교체하여 계획하는 1억 목표 자금을 마련할 수 있는 지름길을 찾아보기를 바란다.

📈 알뜰살뜰 솔루션

[월1,200,000원/연 7%/3년]

수익률	3.00%	5.00%	7.00%	10.00%	15.00%
1	₩14,636,158	₩14,796,021	₩14,957,850	₩15,204,337	₩15,625,339
2	₩29,717,490	₩30,349,034	₩30,997,005	₩32,000,768	₩33,762,522
3	₩45,257,534	₩46,697,769	₩48,195,632	₩50,556,004	₩54,815,339

[거치형 4,000만 원/연 7%/3년]

수익률	3.00%	5.00%	7.00%	10.00%	15.00%
1	₩41,200,000	₩42,000,000	₩42,800,000	₩44,000,000	₩46,000,000
2	₩42,436,000	₩44,100,000	₩45,796,000	₩48,400,000	₩52,900,000
3	₩43,709,080	₩46,305,000	₩49,001,720	₩53,240,000	₩60,835,000

상담 전			상담 후		
수입	급여 등	230만 원	수입	급여 등	230만 원
지출	청약	10만 원	지출	적금(청년희망)	50만 원
	적금(청년희망)	50만 원		ISA	50만 원
	부모님 용돈	30만 원		펀드 or ETF	20만 원
	식비	30만 원		부모님용돈	30만 원
	여가,운동	10만 원		식비	30만 원
	의류, 미용,경조사	20만 원		여가,운동	10만 원
	생활비	15만 원		의류, 미용,경조사	15만 원
	보험료	5만 원		생활비	15만 원
	입출금 통장	60만 원		보험료	10만 원
	총계	230만 원		총계	230만 원

자산/부채 현황					
자산	주식	2,000만 원	자산	주식	2,000만 원
	청약 저축	2,000만 원		청약 저축	2,000만 원
	(M증권)펀드	1,000만 원		(M증권)펀드	1,000만 원
	정기 예금	1,000만 원		ELS지수연동	1,000만 원
	입출금	200만 원		MMF	200만 원
	총계	**6,200만 원**		**총계**	**6,200만 원**

Q

3년 후 시드머니
2억 원을 만들고 싶어요!

6개월마다 수익률을 따져
포트폴리오를 수정하라

33세 L씨는 현재 광고사에서 근무 중이다. 결혼 계획은 없고 3년 후 시드머니로 2억 원의 목돈 만들기를 희망한다. 작년부터 L씨는 신용대출을 받아 주식 투자도 하고 있다. L씨는 현재 투자 방법이 옳은지, 지출을 절약해 시드머니를 만들 수 있을지 궁금하다.

우선 대출부터 갚아야 할까?

L씨가 이용 중인 두 가지 신용대출 금리는 2022년부터 지속적

인 기준금리 인상으로 인하여 각각 연 5.5%와 연 7.5%로 높은 수준이다. 2020년, 2021년에는 주식 투자에서 높은 수익을 얻었지만, 지금은 오히려 손실금액이 큰 상태이다. 코스피나 S&P500지수는 변동성이 큰 상태이며 시장의 호황기를 단시일 내에 예측하기는 어려울 듯하다. 고금리를 적용받는 대출 2,282만 원은 주식을 일부 정리해 상환하길 추천한다. 대출을 상환하면 연 120만 원가량 이자 부담이 축소돼 매월 10만 원씩 추가 저축이 가능하다.

현재 지출은 어느 정도 줄여야 할까?

L씨의 지출을 분석해보면 데이트 비용, 식비, 여가, 의류, 출처 없음 등 일상적 소비지출이 209만 원에 달한다. 매월 신용카드 대금이 160만~200만 원 결제되고 있다. 현재 순자산 1억 196만 원에서 향후 3년 내 2억 원의 시드머니를 만들기 위해서는 소비 패턴부터 개선해야 한다.

신용카드 대금으로 지출되는 비용을 가장 먼저 줄여야 한다. 식비는 30만 원으로 조정하고 여가와 기타 지출에서 70만 원을 조정해야 한다. L씨는 잡지 원고료 등 비정기적 수입으로 연간 180만 원 정도 벌고 있으니 이것으로 여가비용을 충당하도록 한다.

매월 대출금을 상환했던 100만 원과 기타 소비를 줄인 비용

100만 원을 더한 200만 원을 적립식 펀드에 넣어 목표 자금 2억 원을 만든다. 200만 원을 불입할 적립식 펀드로는 향후 금리 하락기를 예상하여 채권형 펀드에 투자를 추천한다. 3년 동안 수익률 15%를 달성하더라도 목표하는 1억 원을 만들기는 어렵다. 투자 기간을 4년으로 수정하고 투자 수익률도 5%를 목표로 해 시드머니를 준비해보는 것을 대안으로 추천한다.

위험 자산에만 투자하고 있는데 포트폴리오 조정이 필요할까?

L씨는 금융자산 7,678만 원 가운데 청약 저축과 개인형 퇴직 연금(IRP)에 넣은 411만 원을 제외한 나머지 7,267만 원을 위험 자산에 투자하고 있다. 위험 자산은 '100—나이'의 법칙을 적용해 70% 정도 투자돼야 하는데 현재는 94%로 위험 자산 비중이 높은 편이다. 1차적으로 주식을 매도해 고금리 신용대출 2,282만 원을 상환하고, 2차적으로 매월 200만 원씩 적립식 펀드에 입금한다면 지금보다 좀 더 위험이 분산되는 금융자산으로 포트폴리오가 조정된다.

청약 저축은 아직 미혼이고 가입 시기가 5년 정도밖에 안 돼서 앞으로 10년 이상 지나야 청약 당첨 확률이 높아질 것이다.

청약 저축 불입액을 현재 20만 원에서 10만 원으로 줄이고, 나머지 금액은 IRP에 자동 이체하는 것을 추천한다. L씨는 IRP 가입 당시 여윳돈을 넣을 계획이었지만 현재 잔액은 40만 원에 불과하다. 급여에서 정기적으로 자동 이체를 하면 저축에 강제성이 부여되고 연말 정산에서 소득 공제 혜택을 받아 세금도 환급받을 수 있다.

추가적으로 비상 예비자금은 통상 매월 생활비의 3배 정도를 유지하는 것이 바람직하다. L씨는 여유 자금이 전혀 없는 상태라서 현재 수익률이 저조한 S증권 펀드(2008년 가입)와 W은행 펀드(2020년 가입 후 입금 중단)자금 532만 원을 해지하여 비상 예비자금 목적 통장을 만들기를 추천한다.

비상시나 노후 대비용으로
보험 상품에 더 가입해야 할까?

보험은 급여 10% 이내로 가입하기를 추천한다. 현재 실손의료보험에 가입돼 있어 갑작스러운 질병에 대한 준비가 돼 있고, 암보험도 진단금 5,000만 원으로 적정한 편이다. 다만 암보험 만기가 80세로 정해져 있는데 앞으로 기대 수명이 길어지는 만큼 100세 만기 보험을 추천한다. 보험료는 갱신형보다는 비갱신형으로,

납입 기간은 최근 40년까지 불입할 수 있는 보험이 출시됐으니 가급적 불입 기간을 길게 하고 사고로 인한 보험금 수령 후 납입 면제의 특약을 활용할 수 있는지도 확인해보기 바란다.

　L씨는 MZ세대로서 레버리지를 이용하여 주식에 투자하는 형태의 자산을 운용하고 있다. 2020년부터 2년 동안 코로나로 인하여 수익률이 대출이율을 상회하는 결과를 얻을 수 있었으나 2023년 현재는 그만큼의 수익을 얻기는 어려운 시장 상황이다. L씨는 주식, 펀드, 에임자산관리, 가상화폐 등 다양한 투자 상품을 가입하면서 재테크에 관심을 가지고 있는 점은 칭찬해주고 싶다. 3년 후의 시드머니를 위하여 지출을 최대한 줄이고 수입의 50% 이상을 저축해보자. 적정한 수익률을 위한 포트폴리오를 활용하고 6개월마다 자산별 비중을 조정해 계획한 목표를 이루기를 바란다.

알뜰살뜰 솔루션

[월2,400,000/연 10%/5년, 10년]

수익률	3.00%	5.00%	7.00%	10.00%	15.00%
3	₩90,515,068	₩93,395,539	₩96,391,263	₩101,112,007	₩109,630,678
5	₩155,539,991	₩163,894,660	₩172,825,265	₩187,397,715	₩215,236,054
7	₩224,580,660	₩241,792,053	₩260,709,539	₩292,700,012	₩357,523,567
10	₩336,217,854	₩374,230,293	₩417,826,725	₩495,724,849	₩668,777,452

상담 전			상담 후		
수입	급여 등	400만 원	수입	급여 등	400만 원
지출	월세	30만 원	지출	월세	30만 원
	청년희망적금	50만 원		청년희망적금	50만 원
	재형저축	30만 원		적립식 펀드, ETF, 가상화폐	129만 원
	각종적금	50만 원		개인종합자산관리계좌(ISA)	50만 원
	여가,운동	25만 원		청약 저축	10만 원
	의류, 미용,경조사	40만 원		보험료	10만 원
	생활비	40만 원		여가,운동	25만 원
	식비	50만 원		의류, 미용,경조사	30만 원
	이자	6만 원		생활비	30만 원
	미출처	79만 원		식비	30만 원
	–	–		**이자**	6만 원
	총계	**400만 원**		**총계**	**400만 원**

자산/부채 현황					
자산	청년희망적금	200만 원	부채	대출(연 6.53%)	1,500만 원
	입출금	100만 원			
	재형저축	600만 원			
	각종적금	300만 원			
	총계	**1,200만 원**		**총계**	**1,500만 원**

Q

5년 안에
결혼 계획이 있어요!

적금·펀드·ISA에
3등분하라

30대 초반 직장인 K씨는 대기업 4년 차다. K씨는 부모님과 함께 거주 중이며 생활비로 부모님께 매달 40만 원씩 드린다. 저축은 최근 가입한 주택 청약 월 10만 원과 적금 월 20만 원뿐이다. 재테크에는 관심이 없고 월급을 받는 대로 여행과 취미생활에 쓰는 편이다. 하지만 새해를 맞아 K씨는 재테크에 신경을 쓰기로 마음먹었다. 연말 정산을 준비하며 과소비에 경각심을 느꼈기 때문이다. 5년 안에 결혼할 생각도 있는 K씨는 어떻게 목돈을 마련해야 할까?

현재 과소비를 하는 것 같은데, 권장 지출은 어느 정도일까?

미혼에게는 소득 대비 50% 이내 지출을 권장한다. K씨는 현재 저축 대비 지출이 훨씬 많으므로 목적 자금 마련을 위해 '先저축, 後지출'로 생활 방식을 바꾸어야 한다. 요즘 젊은 직장인들은 먼저 여행과 취미생활 등 자신을 위해 지출한 뒤 저축을 한다. K씨는 5년 후에 결혼을 계획하고 있고 부모님과 함께 거주하므로 60% 이상 저축을 한 뒤 40% 안쪽으로 소비를 하는 것이 바람직하다.

여유 자금을 입출금 통장에 이체하고 있는데 좀 더 좋은 방법이 있을까?

청약과 적금 외에 여유 자금을 입출금 통장에 저축하고 있는데 이자가 연 0.1%로 사실상 이자 소득이 없는 상황이다. K씨는 비상 상황에 대비해 돈을 입출금 통장에 넣은 지 4년이 넘었다.

우선 입출금 통장에 있는 2,850만 원 중 2,000만 원을 연 3.5% 대의 정기 예금 상품에 가입하고, 나머지 금액을 머니마켓펀드(MMF) 상품으로 가입해 연 3%대 금리를 받는 것을 추천한다. 또한 급여통장과 분리하여 여유 자금 통장을 만들어서 관리하면서 좀 더 체계적인 자금관리가 필요한 시기이다.

5년 뒤 결혼할 때 전세 자금이라도 마련하려면?

전세 자금 용도로 1억 5,000만 원을 모은다고 가정해보자. 이 돈을 준비하려면 최소 매달 200만 원 상당의 저축이 필요하다. 현재 K씨의 고정 저축은 적금 20만 원과 청약 저축 10만 원이 전부이므로 추가로 170만 원을 저축과 펀드, 개인종합자산관리계좌(ISA) 등에 넣는 게 좋겠다. 이때 본인 투자 성향에 따라 펀드 가입액이 달라지지만 우선 원금 보장형 적금과 펀드, ISA(일임형)에 돈을 3분의 1씩 나눠서 넣는 방법을 추천한다.

적금은 원금이 보장되고 급전이 필요할 때 중도해지가 가능하다는 것이 장점이다. 펀드는 적립식 펀드에 가입해 매달 고정금액을 불입해 2년 뒤 주가지수가 좋은 시점에 환매 여부를 고려하면 된다. ISA는 유일한 비과세 상품이다. 총급여 5,000만 원 이하인 근로자는 서민형으로 분류돼 가입 3년 뒤 상품을 해지할 수도 있다. 만기 시 계좌 순이익에 대해 400만 원까지 비과세 혜택이 제공된다. 가입 기간에는 세제 혜택을 받으면서 납입 원금보다 적은 금액을 자유롭게 중도 인출할 수도 있다.

개인연금 등 노후 준비도 지금부터 해야 할까?

개인연금은 불입한 금액도 중요하지만 불입 기간이 길수록 연금 수령 시기에 환급률이 높아진다. 불입액 100%인 최대 600만 원까지 소득 공제가 적용돼 세금 99만 원을 환급받을 수 있다. 주의할 점은 연금 상품은 퇴직 후 노후생활 자금을 준비하는 장기 투자 상품이라는 점이다. 중도 해지하면 세금을 환급해야 한다. K씨는 아직 사회초년생이니 20만 원 선에서 장기 투자 상품으로 가입하기를 추천한다.

보장성 보험은 필요할까?

K씨는 얼마 전 독감으로 병원비 15만 원을 지출했다. 예상치 못한 의료비를 대비해 실비보험은 꼭 들어놓아야 할 상품이다. 보험은 급여 10% 안에서 가입하는 것이 현명하다. 30대라 실비 보험은 2만 원대에서 가입할 수 있다. 종신 보험은 10만 원대로 가입하되 납입기간을 재직 기간 이내로 길게 정해 가입하기를 추천한다.

K씨는 직장생활을 또래에 비해 일찍 시작하여 현재도 대출 없이 어느 정도의 여유 자금을 보유하고 있다. 하지만 향후 5년 후

목적자금을 위하여 현재의 소비 패턴을 '先저축 後지출'로 바꾸어야 한다. 입출금 통장의 여유 자금은 이자 수익을 얻기 위하여 예금과 MMF등 다른 상품으로 갈아타야 하고 고정적인 저축 상품을 가입하여 목돈 마련을 위한 계획을 실천해야 한다. 저축상품은 펀드, 적금, ISA를 활용한 포트폴리오를 구성하며 연금상품과 실비보험, 종신 보험을 가입하여 소비로 치우쳐 있는 습관을 저축으로 바꿔 5년을 보낸다면 원하는 목돈을 손에 쥘 수 있을 것이다.

💻 알뜰살뜰 솔루션

	상담 전			상담 후	
수입	급여 등	360만 원	수입	급여 등	360만 원
지출	적금	20만 원	지출	적금	50만 원
	청약	10만 원		청약	10만 원
	생활비	190만 원		적립식 펀드	70만 원
	부모님 용돈	40만 원		ISA	70만 원
	입출금 통장	100만 원		실비보험	2만 원
	–	–		종신 보험	10만 원
	–	–		부모님 용돈	28만 원
	–	–		생활비	120만 원
	총계	**360만 원**		**총계**	**360만 원**

	자산/부채 현황				
자산	입출금 통장	2,850만 원	자산	정기 예금	2,000만 원
	상장주식	350만 원		MMF	600만 원
	청약 저축	20만 원		입출금 통장	250만 원
	적금	40만 원		상장주식	350만 원
	–	–		청약 저축	20만 원
	–	–		적금	40만 원
	총계	**3,260만 원**		**총계**	**3,260만 원**
부채	없음	–	부채	없음	–

첫 월급부터
알찬 돈 계획을
세우고 싶어요!

대출 먼저 갚고
전세금 모아라

P씨는 최근 S사에 입사하여 첫 월급을 받았다. 3년 동안 취업 준비를 하고 입사한 회사에서 받은 첫 월급이라 더더욱 소중하다. 그런 만큼 월급을 제대로 관리하고 사용하고 싶은데 어떻게 해야 할지 고민이다. 내 집 마련도 하고 싶은데 서울 집값을 생각하면 먼 나라 이야기처럼 생각된다. "첫 단추부터 잘 끼워야 한다."라는 격언처럼 월급 사용에 대해서 조언을 받고 싶다.

P씨는 지방 출신으로 대학 진학을 서울로 하면서 현재는 강북구에서 자취를 하고 있는 상태이다. 상담 전 내용으로 3년 동안 소득이 없어서 매달 부모님으로부터 150만 원의 용돈을 받아서

월세 60만 원, 공과금 및 휴대폰 요금 등으로 40만 원, 용돈 및 식비 50만 원을 지출하고 있었고 학자금 대출 약 3,000만 원의 부채가 있다.

학자금 대출은 언제 갚아야 할까?

직장 생활을 시작하였으니 학자금 대출을 1순위로 상환해야 한다. 학자금 대출 할부금 상환이 지연되면 신용에 불리하므로 깜빡하지 않아야 한다. 대학생활 8학기의 학자금 대출을 원리금으로 상환하면, 소득 350만 원 중에서 상환 자금으로 60만 원이 배정된다.

약 5년의 기간으로 원금과 이자를 상환 가능하며 8건으로 분산되어 있는 원리금 상환금액이 60만 원보다 만약 적다면 어느 대출이나 당월 할부금 외에도 다음 달 할부금을 상환할 수 있으므로 미리미리 선결제하는 것을 고려해보라. 선결제하면 이자 부담 금액도 줄어들게 되고 자연스럽게 원금 상환을 더 많이 하게 된다. 5년보다 훨씬 빠른 기간에 상환할 수 있으니 매월 급여일에 상환을 게을리하지 않는 것이 중요하다.

매달 나가는 월세가 아까운데 대책은?

사회초년생에게 제일 먼저 조언하고 싶은 점은 지출보다는 저축에 중점을 두고 자산을 관리하라는 점이다. 지출을 하고 난후 저축을 하려면 마음만큼 쉽게 돈이 모이지 않는다. 수입 대비 17% 비중을 차지하는 월세 60만 원은 매월 소멸되는 금액이다. 급여에서 월세를 제하고 50%가량인 매월 140만 원을 적립식 펀드 90만 원, 정기 적금 50만 원으로 포트폴리오를 짜보았다.

적립식 펀드는 하나의 상품에 90만 원을 모두 불입하기보다는 자신의 투자 성향과 현재 시장 상황에 적절한 펀드로 세 가지를 골라 분산 투자하기 바란다. 채권혼합형, 인덱스형, 성장형 등을 선택하는 것도 무난하다. 적립식 펀드상품은 원금은 보장되지는 않지만 매월 같은 금액을 3년 이상 꾸준히 불입하게 되면 평균매입단가가 낮아져서 찾을 시점의 주가만 잘 선택한다면 어느 정도의 수익을 얻을 수 있다.

정기 적금은 원금이 보장되는 상품으로 3분의 1가량의 금액을 불입하기를 추천한다. 3년 이상 장기 투자하면서 급한 일이 있을 경우 해지하게 되면 '원금+중도 해지 이자'가 적용되며 불입액의 90% 이상 대출도 가능하기 때문이다.

고수익 고위험 펀드에 3분의 2를, 원금 보장 정기 적금에 3분의 1을 배정하여 5년 정도 꾸준히 모으면 1억의 전세 자금을 만들 수 있을 것이고 임차 보증금 3,000만 원과 함께 반월세의 집으로 옮길 수 있다. 그 시점에서 월세가 줄어든 만큼 여유 자금이 생기면 저축을 늘려도 될 것이다.

보험 가입 금액은 얼마가 적당하고
내 집 마련을 위한 플랜은?

아직 나이가 어리니 보험 가입 금액 10만 원 이내로 실비보험이나 종신 보험을 추천한다. 사회초년생이기 때문에 종합적인 보험보다는 기본적인 보험을 가입하고 향후 더 많은 보장의 보험을 가입하기를 권한다.

주택 청약 종합저축을 매월 10만 원씩 꾸준히 불입하여 10여 년 후 주택 청약으로 아파트 분양을 시도해보라. 주택 청약 제도가 지속적으로 변경되기는 하지만 현재는 세대주만이 청약을 신청할 수 있음을 기억해야 한다. P씨는 홀로 거주하니 세대주이지만 만약 부모님과 함께 거주하는 초보 직장인이라면 주소를 따로 분리하여 세대주로 등재하는 방법을 고려해보아야 한다.

소비를 줄이려면?

소비를 줄인다는 것은 상당히 어려운 일이다. 생활비와 용돈을 상담 전과 상담 후 비교해보면 20만 원 정도 줄여 놓은 상태이다. 씀씀이를 단번에 줄이기란 쉽지 않으므로 작은 금액부터 줄여 나가도록 했다. 현금을 사용하게 되면 눈에 띄게 소비를 줄일 수 있다. 하지만 번거로움이 큰 게 사실이니 차선책으로 체크카드를 추천한다. 통장잔액 내에서 사용하고 사용할 때마다 사용 잔액을 확인할 수 있어서 더더욱 통장 잔고의 중요성을 눈으로 확인하면서 소비 패턴을 수정할 수 있을 것이다.

요즘의 사회초년생은 다양한 취미생활 및 여행 등을 추구하는데, 다른 사람에 휩쓸리지 말고 자신의 현재 소득과 소비 그리고 자산 현황을 고려하면서 재테크 방법을 찾아야 한다. 적은 돈으로도 얼마든지 즐길 수 있는 방법이 많으니 부지런히 돈 계획을 짜 보자.

📈 알뜰살뜰 솔루션

상담 전			상담 후		
수입	부모로부터	150만 원	수입		350만 원
지출	월세	60만 원	지출	월세	60만 원
	생활비(공과금)	40만 원		생활비	30만 원
	용돈(식비)	50만 원		용돈	40만 원
	–	–		학자금 상환	60만 원
	–	–		청약 저축	10만 원
	–	–		적립식 펀드	90만 원
	–	–		정기 적금	50만 원
	–	–		보장성 보험	10만 원
	총계	**150만 원**		**총계**	**350만 원**
상담 전 자산/부채 현황					
자산	입출금 예금	20만 원	부채	학자금 대출 (연 1.7%)	3,000만 원
	임차 보증금	3,000만 원			
	총계	3,020만 원		총계	3,000만 원

Q

종잣돈 2,400만원
어떻게 굴려야 할까?

0.5%라도 수익률 높은
단기 펀드에 묶어라

20대 S씨는 4년 차 사무직 직장인이다. S씨의 회사는 월 270만 원의 급여를 지급하고 홀수 달에는 보너스 명목으로 상여금을 추가로 지급한다. 4년간 예금은 2,400만 원 정도 모았고, 적금과 주택 청약 종합저축에 각각 350만 원과 300만 원을 넣어두고 있다.

S씨의 고민은 수입에 비해 돈이 잘 모이지 않는다는 점이다. 화장품이나 옷에 특별히 관심이 있는 것도 아닌데 어디선가 돈이 새는지 모이질 않는다. 매달 같은 금액을 받는 게 아니다 보니 지출 관리를 잘못 하고 있는 게 아닌가 하는 생각도 든다.

내년 결혼 예정인데 당장 돈이 필요한 건 아니지만 결혼 후 남편의 월급까지 같이 관리하게 되면 목돈을 어떻게 굴려야 할지 걱정이다. 모으면 다 되는 줄 알았는데 금리는 떨어지고, 펀드상품이나 주식을 하자니 종잣돈이 너무 작은 데다 원금 손실이 걱정되기도 하다.

저축만 하면 될 줄 알았는데, 잘하고 있는 걸까?

S씨는 20대의 사회초년생인데도 4년 동안 매우 큰 자금을 마련했다. 특히 소비 대비 60% 이상을 저축한 점은 훌륭하다. 충분히 잘하고 있지만 굳이 조언한다면 첫째는 저축에서 벗어나 투자를 시작해보라는 것이고, 둘째는 세제 혜택을 받을 수 있는 상품을 눈여겨보라는 것이다.

먼저 지출 내역을 살펴보면, 실비와 보장보험을 총급여의 10% 이내로 적정하게 지출하고 있다. 연금 보험도 소액이라도 사회 초년기부터 꾸준히 30년 이상 저축하면 퇴직 시에 목돈이 되어 은퇴 자금의 일부로 사용할 수 있다. 또 연금 보험은 연복리 효과를 누릴 수 있기 때문에 55세 이후 만기 시점에는 불입금 대비 높은 수익률을 얻을 수 있다. 생활비는 100만 원 정도로 아주 양호하게 지출하고 있다.

개인종합자산관리계좌(ISA)를 적극적으로 활용해 볼 것을 추천한다. ISA는 예적금, 펀드, 파생결합증권 등을 한 통장에 담아 운용할 수 있는 종합계좌이다. 2023년 현재는 매년 2,000만 원 한도로 5년 동안 최고 1억 원을 입금할 수 있고 금융소득 200만 원까지는 15.4%의 세금이 과세되지 않는다. 200만 원을 넘는 금융소득은 9.9%로 분리 과세되기 때문에 절세 효과가 크다. 단 최저 3년을 유지해야 혜택을 받을 수 있다. S씨는 매달 수입이 달라 관리가 어렵다고 했는데 추가로 들어온 자금도 ISA로 관리하면 편리하다.

정기 적금이 곧 만기되는데 어떻게 투자해야 할까?

S씨는 우선 내년에 결혼 예정이니 1년 이내의 단기성 자금을 모으는 방법으로는 정기 적금이 적당하다. 그런데 현재 S씨가 보유한 정기 적금이 만기가 되어 목돈이 생기면 정기 적금보다는 3~5년의 장기적인 돈 계획을 세우는 것이 유리하다. 가령 결혼 후 5년 후에 '내 집 마련'을 한다는 계획을 세워도 좋다.

장기적 플랜으로는 ISA에 적립식 펀드 4~5개를 담아 자금을 분산 투자할 것을 추천한다. 적립식 펀드는 금리 인하를 고려하여 채권형 비중을 높이고 성장주, 가치주, 배당주 등으로 분산해 다양한 포트폴리오로 구성하면 위험을 분산시킬 수 있다. 또 적립식 펀드는 매월 정액으로 분할해 투자하므로 장기 투자 시 매입 단가가 낮아지게 되고 환매 시 매입 단가보다는 높은 단가로 적용돼 수익률을 높일 수 있는 장점이 있다.

목돈은 하나의 상품에 묶어두는 게 나을까?

예금 2,400만 원은 결혼자금으로 사용한다는 가정하에 단기 상품인 만기 매칭형 공모펀드를 추천한다. 만기 매칭형 공모펀드는 펀드의 만기와 편입 채권의 만기를 맞춰 금리 상승에 대한 리스크를 줄인 채권형 펀드이다. 결혼 전까지는 단기이지만 0.5%라도 수익률을 높일 수 있는 상품에 가입하면 좋을 듯하다.

결론적으로 현재 수입·지출패턴과 자산상황은 매우 양호한 상태이다. 다만 투자 기간이 길면 원금을 회복할 수 있으므로 원금 손실에 대한 불안감을 품지 않아도 된다. 적금과 예금보다는 좀 더 적극적으로 투자 상품의 비중을 늘려 보다 더 높은 수익률을 얻고 자산을 늘려가기를 추천한다.

📈 알뜰살뜰 솔루션

	상담 전			상담 후	
수입	급여 등	270만 원	수입	급여 등	270만 원
지출	보험료	13만 원	지출	보험료	13만 원
	연금 보험료	30만 원		연금 보험료	30만 원
	교통비 및 통신비	15만 원		교통비 및 통신비	15만 원
	식비	35만 원		식비	35만 원
	생활비	57만 원		생활비	57만 원
	주택 청약 저축	10만 원		주택 청약 저축	10만 원
	정기 적금	110만 원		ISA계좌	50만 원
	–	–		적립식 펀드(4개)	60만 원
	총계	**220만 원**		**총계**	**220만 원**
자산	목돈	2,400만 원	자산	만기매칭형 공모펀드	2,750만 원
	자유적금	350만 원		주택 청약 종합저축	300만 원
	주택 청약 종합 저축	300만 원		연금 보험	1,440만 원
	연금 보험	1,440만 원		–	–
	총계	**4,490만 원**		**총계**	**4,490만 원**
부채	없음	–	부채	없음	–

금쪽같은 내 돈
어디에 둘까?

ELD, ELS, ELF…
상품을 한번 고려해보라

미국의 지속적인 인플레이션 압력으로 전 세계 시장은 변동성이 상존해 있는 상황이다. 이런 시장 상황에서 적정 수준의 투자 수익률을 추구할 수 있는 구조화 상품에 소비자들의 관심이 증가하고 있다.

대표적인 구조화상품으로는 ELD(주가지수 연동예금), ELS(주가 연계증권), ELF(주가연계펀드), ELT(주가연계신탁), ETF(상장지수 펀드) 등이 있다. 이들은 모두 주가연계(Equity Linked)라는 특징이 있지만, 마지막 글자를 보면 각각 Deposit(예금), Securities(증권), Fund(펀드), Trust(신탁)로서 서로 다른 상품이다.

ELD(주가지수 연동예금)

ELD의 장점은 은행에서 예금의 형태로 판매되기 때문에 원금 보장 및 예금자 보호가 된다는 것이다. 또 주가가 상승하면 시중 금리 이상의 수익을 얻을 수도 있고, 상품에 따라서는 주가가 하락을 해도 이익을 얻을 수 있다.

단점은 주가지수가 형성되는 상황에 따라 전혀 수익을 얻을 수 없거나 또는 시중 금리 이하의 수익에 그칠 수도 있다는 것이다. 또 만기 전 중도 해지를 하는 경우 자금 조달 비용, 파생 상품 비용 및 기타 비용으로 인해 중도 해지 수수료가 청구되기 때문에 오히려 원금 손실이 발생할 수도 있다.

예전에는 ELD상품의 기초 자산을 개별 주식으로 구성했으나 최근에는 KOSPI 200지수를 기초 자산으로 구성하는 상품이 출시되고 있다. 수익 구조로는 주로 상승낙아웃형이 많이 판매됐고 여전히 인기가 높은 편이다. 최근 주식시장의 변동성 증가로 인해 하락낙아웃형이나 양방향형, 디지털 상승형, 디지털 하락형 등으로 구조가 다양화되고 있다.

ELS(주가연계증권), ELF(주가연계펀드), ELT(주가연계 신탁)

ELS는 특정 주식의 가격 또는 주가지수의 움직임에 따라 수익률이 결정되는 유가증권으로 증권사가 발행 및 판매하는 상품이다. 일반적으로 은행 예금 금리보다 높은 수익 달성을 목표로 한다. 주식 직접투자와 달리 주가가 일정 부분 하락하더라도 원금 손실 위험이 제한되는 특징이 있다.

ELS는 원금 보장 여부에 따라 원금 보장형과 비보장형으로 나눌 수 있다. 원금 보장형은 원금의 대부분을 국공채 및 금융채 등 우량 채권에 투자해 안정성을 강화한 것으로, 상승 시 수익이 발생하는 상승형, 하락 시 수익이 발생하는 하락형, 일정 수준 상승과 하락 시 양쪽에서 수익이 발생할 수 있는 양방형 등 다양한 상품이 있다.

원금 비보장형은 수익성이 강화된 것으로, 투자 기간과 상품 구조를 투자자의 욕구에 맞춰 상품을 설계할 수 있다. 기초 자산이 일정 수준 하락하더라도 미리 정해진 조건이 충족되면 제시한 수익률을 지급하는 상품이다.

ELF는 ELS를 펀드로 만든 상품으로서 주식에 투자하는 펀드를 주식형 펀드라 하는 것처럼 ELF는 말 그대로 ELS에 투자한다. 통상 ELF는 'OOOO투자신탁(ELS 파생형)'이라는 이름으로 은행이나 증권사에서 판매되는데, 요즘은 개별 종목보다는 지수를 기초 자산으로 하는 상품이 많이 출시되고 있다.

또 기존 스텝 다운형 ELF는 상환 평가 충족 시 쿠폰만을 지급하는 반면, 새로운 Coupon+α ELF는 상환 평가 시 기초 자산이 최초 기준 가격보다 상승했으면 그 상승분도 지급하는 수익구조로 출시되고 있다.

ELT는 증권사가 발행한 ELS를 편입한 은행의 신탁 상품이다. 계약 기간 중 기초 자산(개별 주식이나 주가지수) 가격이 정해진 조건 밑으로 떨어지지 않으면 수익을 얻는 상품이다.

ETF(상장지수 펀드)

ETF는 인덱스 펀드를 거래소에 상장시켜 투자자들이 주식처럼 편리하게 거래할 수 있도록 만든 상품이다. 투자자들이 개별 주식을 고르는 수고를 하지 않아도 되는 펀드 투자의 장점과 언제든지 시장에서 원하는 가격에 매매할 수 있는 주식 투자의 장점을 모두 가지고 있다.

최근에는 시장지수를 추종하는 ETF 외에도 배당주나 가치주 등 다양한 스타일을 추종하는 ETF들이 상장되어 인기를 얻고 있다. 적은 돈으로 여러 기업에 나눠 투자할 수 있다는 점에서 펀드와 비슷하다고 생각할 수 있지만, 장 중에 주식처럼 자유롭게 사고팔 수 있고 운용보수가 저렴하다는 점이 가장 큰 특징이다.

다만 ETF의 종류는 매우 다양하고 모든 ETF들이 일반적인 벤치마크 지수를 추종하는 것은 아니다. 주식시장에서 적은 비중을 차지하는 벤치마크 지수를 추종하는 ETF가 있는데, 주로 천연가스나 원유, 구리 등 원자재를 추종하는 ETF들로 변동성이 크며 투기적인 요소가 강하다. 변동성이 크기 때문에 선택 시 변동성과 추적 오차율이 큰 상품이므로 유의해야 할 필요가 있다.

ELD, ELS, ELF, ELT, ETF는 구조화 상품으로서 채권이나 예금 등의 이자 수익에 만족하지 못하고 주식 등 직접 투자에는 보수적인 투자자에게 적합하다. 또 운용자의 자의적인 판단보다는 객관적인 조건에 따른 투명한 수익 조건을 원하는 사람, 주식형 펀드와 비교하여 제한적인 리스크를 부담하면서 정기 예금 금리보다는 고수익을 추구하는 사람에게 적합하다.

다만 투자하기 전에 상품 구조를 이해하고 자신의 상황에 맞게 선택해야 하겠다. 구조화 상품은 고위험-고수익을 추구하므로 보유하고 있는 자산 중 포트폴리오 차원에서 접근해보기를 권한다.

구조화 상품 비교

종류	명칭	내용
ELD	주가지수 연동예금	은행에서 예금의 형태로 판매되며 주가 상승이나 하락 시에도 이익을 얻을수 있는 상품
ELS	주가연계증권	특정주식의 가격 또는 주가지수의 움직임에 따라 수익률이 결정되는 유가증권으로 증권사가 발행 및 판매하는 상품
ELF	주가연계펀드	ELS를 펀드로 만든 상품으로서 주식형 펀드가 주식에 투자하는 것처럼 ELF는 ELS에 투자함
ELT	주가연계신탁	증권사가 발행한 ELS를 편입한 은행의 신탁 상품
ETF	상장지수 펀드	인덱스 펀드를 거래소에 상장시켜 투자자들이 주식처럼 편리하게 거래할수 있도록 만든 상품

종잣돈을
굴려서
크게 불리기

Q 1억 원을 두 배로
만들고 싶어요!

5년 만에
2억 원으로 불리는 법

결혼한 지 1년 6개월 된 35세 P씨는 남편과 가치관이 맞아 딩크족으로 살기로 했다. 향후 자녀 양육비를 생각하지 않아도 되고, 부부의 노후를 위해 부동산 재테크로 자산을 불리는 것이 목표다.

결혼 후 바로 통장을 합치고 가정 수입과 지출을 공동으로 꾸려가고 싶었지만 각종 자동 이체와 카드 대금 결제 등 변경해야 할 것이 너무 많아 미루다 보니 벌써 1년 6개월이 흘렀다. P씨 부부는 맞벌이로 각자 급여를 소비하고 남은 금액을 K뱅크 통장으로 이체해 모으고 있다. 이것이 옳은 재테크 방법인지, 부동산 구입을 위한 종잣돈은 어떻게 만들어야 할지 고민이 많아졌다.

부부 자금 관리에 대해 조언한다면?

P씨 부부는 결혼 이후 재정 관리를 각자 하고 있다. 필요한 생활비를 개별로 그때그때 지출하고 나머지를 한곳에 저축했다. 그리하여 K뱅크 통장에 1억 1,000만 원이라는 목돈을 1년 6개월 동안 모았다.

하지만 P씨 부부의 소비 패턴을 확인해보니 생활비(신용카드 대금)가 310만 원 지출되고 있었다. 품위 유지비와 각종 경조사비 등 자녀 교육비가 들지 않는 상황에서 예상보다 지출 규모가 큰 것으로 나타났다. 각자 소비 후 남은 돈을 한 통장에 모으는 방법보다는 공동 생활비 통장을 만들어 지출을 통제하고 매월 고정 금액을 저축하는 것이 더 효과적이다. 우선 공동 생활비 통장에 310만 원을 넣고 매월 조금씩 생활비를 줄여나가는 습관을 들이자.

소득 대비 생활비 비중은 33%이지만 월세가 14% 비중으로 지출되고 있다. 결론적으로 47%의 비용이 지출되고 있고 나머지 53% 정도를 저축하는 셈이다. 배우자 은퇴 시기가 17년 정도 남은 데다 현재 보유 자산이 2억 7,800만 원 수준인 점을 감안하면 서울 시내 아파트를 구입하기 위해 소득의 60~70% 이상은 저축할 필요가 있다. 딩크족으로 자녀 교육비 부담은 없지만 노후를 안정적으로 꾸리기 위해 부동산 투자를 원한다면 먼저 소비 패턴 변경이 필요하다.

목돈 1억 1,000만 원은 연 2.5~3% 금리의 현 통장에 남겨두기보다는 연 6%대 수익을 기대할 수 있는 지수형 주가연계증권(ELS)에 묶어두기를 추천한다. 주의할 점은 6개월마다 조기 상환 기회가 있지만 연장된다면 3년까지 투자 기간이 늘어날 수도 있다는 점이다.

또한 한 종류의 ELS에 전부 투자하기보다는 기초 자산을 달리하여 2~3개 상품에 분산 투자하는 것이 좋다. 변액 보험, 청약 저축, 보험, IRP 등을 제외하고 매월 365만 원은 적립식 펀드, 상장지수펀드(ETF), 개인종합자산관리계좌(ISA) 등으로 구성한 포트폴리오에 투자하는 전략을 추천한다. 매년 연 7% 수익률을 올릴 수 있다면 3년 후 1억 4,600만 원, 5년 후 2억 6,200만 원의 종잣돈을 마련할 수 있다.

현재 월세로 생활하고 있는데 전세로 전환해야 할까?

P씨 부부는 서울 시내 역세권에서 보증금 5,000만 원, 월세 140만 원을 내고 생활하고 있다. 전세로 전환을 고려한다면 전월

세 전환율 3.75%를 적용하여 약 5억 원의 전세금이 필요하다. 월세가 매월 140만 원 정도로 지출 비중이 높아 아쉽긴 하지만, 지금 보유하고 있는 목돈은 2년 완공 예정인 오피스텔 중도금(1억 6,000만 원)을 내는 데 써야 하므로 전세 자금으로 충당할 수 없다.

전세 전환 시 부부의 연봉이 높아서 저금리의 정부 지원 전세 대출은 어렵고 일반 시중 은행에서 취급하는 전세 대출을 받아야 한다. 전세금의 최고 80%까지 대출받는다면 4억 원을 받을 수 있지만 금리도 감안해야 한다. 2023년 현재 시중 은행 전세대출 금리는 연 4% 후반에서 5%대로 매월 150만 원 내외 이자가 나간다면 월세보다 불리한 상황이다. 또 전세 자금 대출 금리는 당분간 5%대에 머무를 것이므로 현재 월세 생활을 유지하고 전세 전환은 추천하지 않는다.

부동산 재테크 방법을 추천한다면?

P씨 부부는 각자 하나씩 오피스텔 분양권을 보유하고 있다. P씨가 보유하고 있는 오피스텔은 계약금 5,400만 원 납입과 중도금 대출까지 진행됐고, 2년 후 중도금 1억 6,000만 원을 내야 한다. 분양권 전매가 불가하여 명의 이전 후 2년 정도 공실을 유지하고 이후 매매하는 것이 P씨 계획이다. 오피스텔에서 나오는 월

세가 소득으로 인정되는 경우 주택 수에 산입되기 때문이다. 하지만 아파트 청약을 신청할 때 임차용 오피스텔은 주택 수에 산입되지 않는다. 따라서 굳이 공실을 유지하는 것보다는 전세나 월세를 받아 그 자금을 운용하는 것을 추천한다.

P씨 배우자가 보유하고 있는 오피스텔 분양권은 계약금 5,300만 원 납입과 중도금 대출이 시행됐으며 전매도 가능하다. 배우자 오피스텔 분양권은 전매가 가능하기 때문에 입주 시점 전에 매매하는 것이 좋겠다.

통상 오피스텔은 두 가지 이익을 추구하고자 매입한다. 첫 번째는 시세 차액이다. 그러나 아파트와 오피스텔의 시세를 비교하면 오피스텔 상승 금액이 훨씬 적다. 두 번째는 월세를 받아 평생 연금 형태로 지속되는 부수입 목적이다. 하지만 P씨 부부는 본인들이 거주할 집이 아직 마련되어 있지 않으므로 두 개의 오피스텔을 유지하는 것보다는 매매 가능 기간에 매도하고 거주 아파트를 우선 구입하는 것을 목표로 해야 할 것이다. 청약 저축을 계속 넣고 있으니 청약에 관심을 두고 계속 도전하는 것이 좋다. 아파트 청약 당첨이 어렵다고는 하지만 지속적인 청약 신청을 시도해보면서 주택 매매 시장 흐름을 지켜볼 수도 있다.

아파트 청약, 생활비 절약, 고정적인 저축을 유지한다면 종잣돈을 마련하여 원하는 부동산을 구입할 수도 있다. 당분간 부동산 경기는 상승하기 어려울 듯하니 관심 있는 지역의 부동산을 지속적으로 탐색해보면 좋을듯하다. 향후 준비한 종잣돈을 활용할 수 있는 뜻하지 않은 기회가 P씨 부부에게도 올 수도 있다.

노후 준비는 어떻게 해야 할까?

P씨보다는 배우자 명의로 개인형 퇴직 연금계좌(IRP)에 우선 가입할 것을 추천한다. 배우자 연봉이 높아 세액 공제 혜택을 더 누릴 수 있기 때문이다. 연봉 7,000만 원으로 IRP에 연 900만 원을 불입하면 118만 8,000원의 세액 공제 혜택을 받을 수 있다. 2023년 세제 개편으로 금액이 증액되어 세액 공제 혜택이 확대되었다.

IRP 운용상품으로는 타깃데이트펀드(TDF)를 추천한다. TDF 또한 운용사마다 운용 방법이 다르므로 3개 정도로 분산하여 매월 적립식으로 불입하는 것을 추천한다.

📈 알뜰살뜰 솔루션

P씨 부부의 월수입지출내역 (부부 합산)

	상담 전			상담 후	
수입	급여 등	960만 원	수입	급여 등	960만 원
지출	월세	140만 원	지출	월세	140만 원
	변액	10만 원		변액	10만 원
	청약 저축	10만 원		청약 저축	10만 원
	보험	10만 원		보험	10만 원
	P카드사용대금	160만 원		적립식 펀드, ETF, ISA	365만 원
	P영어학원	40만 원		IRP	75만 원
	P K뱅크통장	140만 원		카드사용대금	310만 원
	배우자신용카드	150만 원		P영어학원	40만 원
	배우자K뱅크 통장	300만 원		–	–
	총계	**960만 원**		**총계**	**960만 원**
자산	보증금	5,000만 원			
	P K뱅크통장	8,000만 원			
	P 오피스텔 분양권	5,400만 원			
	배우자 K뱅크 통장	3,000만 원			
	배우자 청약통장	1,100만 원			
	배우자 오피스텔 분양권	5,300만 원			
	총계	**2억 7,800만 원**			

주식이나 코인으로
한 방을 노리는
20대 회사원입니다

장기적으로 보면
펀드 수익률이 높다

28세 A씨는 현재 입사 7개월 차 회사원이지만 원래는 프리랜
서 디자이너였다. 회사에 다니면서도 주말에는 외주 작업을 유지
해 급여 외에 추가 소득을 올리고 있다. 코로나19로 일을 쉬고 있
는 어머니를 위해 가게를 마련해드리고 싶은데 어떻게 자금을 마
련할 수 있을지 고민이다. 또 A씨는 최근 독립해 월세로 살고 있
는데, 2~4년 후 전세 자금으로 쓸 목돈을 마련하려면 자산을 어
떻게 굴려야 할지도 궁금하다.

투자한 주식이 손실이 나고 있어 고민이다

고위험, 고수익을 추구하는 A씨는 자산 대부분을 주식이나 코인에 투자하고 있다. 지인이나 인터넷에서 추천받은 종목을 계속 사다 보니 현재 보유 중인 주식 종목만 40개나 된다. 면밀한 종목 분석 없이 투자한 까닭에 최근 주식시장 하락으로 손실 폭이 더욱 늘어난 상황이다.

주식 투자 방법을 단계적으로 바꿔보면 좋겠다. 먼저 지수를 추종하는 인덱스 상품에 가입해 6개월이나 1년 후 수익률을 지켜보는 것이다. 개별 주식 투자는 잘하면 수익률이 높지만 기업에 대한 충분한 이해와 공부가 선행돼야 한다. 분석 없이 투자하는 것은 '묻지 마 투자'일 뿐 좋은 수익률을 기대하는 것은 어불성설이다. 우선 시장 지수를 추종하는 인덱스 상품을 선택해 주식시장의 흐름을 공부해보는 것이다.

그다음 단계로 주식 종목을 10개 이내로 줄이자. 보유 중인 종목은 코스닥에 편중돼 있다. 코스닥은 중소형주로 코스피 종목보다 변동성이 큰 편이다. 코스피 종목 중 본인이 가장 잘 아는 대형 성장·가치주를 선택하자.

적금이나 펀드 같은 금융투자 상품에 가입해야 할까?

MZ세대는 대체로 소비를 우선하기 때문에 수입의 50% 이상을 저축하기 어렵다. A씨는 저축 습관이 배어 있다는 점에서 칭찬할 만하다. 하지만 매달 138만 5,000원을 주식에 투자하는데도 충분한 수익을 내지 못하고 있었고, 총금융자산 대비 주식과 코인에 투자하는 비중이 90% 이상으로 쏠림 현상이 강했다.

앞으로 매월 133만 5,000원을 적립식 펀드와 일임형 ISA(개인종합자산관리계좌) 상품에 넣는 것을 추천한다. 어머니 사업 자금 용도로 매월 83만 5,000원씩 연 6%로 3년간 저축하면 약 3,300만 원을 마련할 수 있다.

미국의 인플레이션 압력으로 시장의 변동성이 지속되고 있지만 적극적인 투자자는 이런 시기에 꾸준히 적립식 펀드에 불입함으로써 평균 매입 단가를 낮추는 효과로 2~3년 후 수익을 내기도 한다. 적립식 펀드는 이머징 국가보다 선진국을, 주식형보다는 채권형 상품을 추천한다.

매달 50만 원을 5년 동안 연 6%로 운용하면 약 3,500만 원의 자금을 마련할 수 있다. 일임형 ISA 상품을 추천한다. 비과세 혜택을 받을 수 있고 3년 후 중도 인출도 가능해 전세 자금 마련 용도로 좋다.

세금 혜택이나 연말 정산 등에
도움이 되는 방법이 있다면?

신용카드 소득 공제는 총급여의 25%를 초과하는 사용액에 대해 일정 금액을 근로소득에서 공제해주는 제도다. A씨는 신용카드만 사용하는데, 연말 정산 때 신용카드 사용액은 15%, 체크카드나 현금영수증 등 사용액은 30% 공제율이 적용된다. 또한 체크카드는 통장 잔액 내에서 쓰기 때문에 좀 더 계획적인 소비가 가능하므로 현금 보유 금액에 여유가 있다면 되도록 체크카드를 사용하는 것이 좋다.

부수입이 생겼을 때
어떻게 관리하면 좋을까?

A씨는 세계 여행이 꿈이라고 했다. 연간 250만~300만 원 발생하는 부수입을 활용하자. 이 자금을 입출금 잔액에 두면서 생활비와 혼용하는 것보다 머니마켓펀드(MMF) 통장을 가입해 비상 예비 자금 목적으로 저축해두는 게 좋다.

아직 20대인데 노후 대비를 해야 할까?

　현재 미혼이고 수입의 50% 이상을 저축하고 있지만 당장 2년 후 월세 계약이 만료되고 전세로 전환하고 싶어도 현재 보유한 자산만으로는 전세보증금을 충당하기에 턱없이 부족하다. 우선 본인의 전세보증금을 마련하고 그다음 어머니 사업자금을 준비해야 한다.

　일반적으로 직장인은 노후 대비와 연말 소득 공제 환급을 목적으로 연금 저축에 가입한다. A씨는 아직 연봉이 5,500만 원 이하라 세율 15% 적용 구간으로 연금 저축 가입 시에도 세금 환급액이 미미하다. 따라서 노후 대비는 5년 후쯤으로 계획하는 것을 추천한다.

📈 알뜰살뜰 솔루션

[월 835,000원/연 6%/3년]

수익률	3.00%	4.00%	5.00%	6.00%	7.00%
1	₩10,184,327	₩10,239,776	₩10,295,565	₩10,351,696	₩10,408,171
2	₩20,678,420	₩20,896,736	₩21,117,870	₩21,341,861	₩21,568,749
3	₩31,491,701	₩31,987,877	₩32,493,864	₩33,009,876	₩33,536,127

[월 500,000원/연 6%/5년]

수익률	3.00%	4.00%	5.00%	6.00%	7.00%
1	₩6,098,399	₩6,131,602	₩6,165,009	₩6,198,620	₩6,232,438
3	₩18,857,306	₩19,154,417	₩19,457,404	₩19,766,393	₩20,081,513
5	₩32,404,165	₩33,259,987	₩34,144,721	₩35,059,440	₩36,005,263

상담 전			상담 후		
수입	급여 등	230만 원	수입	급여 등	230만 원
지출	주택 청약	5만 원	지출	주택 청약	10만 원
	주식	30만 원		펀드	83만 5,000원
	실손 보험	1만 5,000원		일임형 ISA	50만 원
	월세, 관리비	25만 원		실손 보험	1만 5,000원
	신용카드 대금	60만 원		월세, 관리비	25만 원
	여유 자금(주식)	108만 5,000원		신용카드 대금	60만 원
	총계	**230만 원**		**총계**	**230만 원**

상담 전 자산/부채 현황					
자산	입출금 통장	50만 원	부채	LH청년 전세 대출 (연 1.5%)	1억 2,000만 원
	청약 저축	44만 원			
	주식	1,500만 원			
	코인	300만 원			
	LH대출보증금	1,100만 원			
	총계	**1,967만 원**		**총계**	**1억 2,000만 원**

삼성전자 주식에 올인한
30대 신혼부부입니다

하나에 직접 투자하기보다는
분산 투자를 해보라

32세 C씨는 대기업에 다니는 5년 차 직장인이다. 지난해 말 결혼해 이달 첫아이가 태어났고, 배우자는 앞으로 1년간 육아휴직을 쓸 계획이다. 아이가 태어나기 전까지는 소득의 3분의 2 이상을 저축했지만 최근 지출이 늘어 저축과 소비의 비중을 어떻게 조정해야 할지 고민이다. 5년 후 내 집 장만을 목표로 5억 원(전세 자금 포함)의 목돈 마련을 계획하고 있는데 이것이 과연 가능할지, 갓 태어난 아이를 위한 금융 상품이 무엇인지 궁금하다.

저축과 소비 비중을 어떻게 조정해야 할까?

C씨 부부는 각각 대기업과 중소기업에 근무하면서 부부 합산 월 700만 원의 고정 수입이 있다. 다만 육아 휴직 3개월 동안 배우자의 수입은 300만 원이 유지되지만 4개월 이후부터는 100만 원으로 감소하게 된다. 앞으로 3개월간은 비상 자금 확보를 위해 저축에 신경 쓰면 좋을 듯하다. 이후에는 한 종목(삼성전자)만 매수하는 투자 방법에서 벗어나 주식과 펀드상품에 각각 50% 분산 투자할 것을 추천한다.

아이가 태어나 생활비는 늘어났으니 기존보다 20만 원을 증액하고 부모님 용돈, 휴대폰 요금 등 기타 자금은 배우자의 휴직을 고려해 줄여야 한다. 아이가 태어나고 1년 동안은 많은 지출이 발생하지는 않으므로 각종 지출 부분을 줄이면 소득의 50%인 255만 원을 저축할 수 있다.

마지막으로 본인 레저 비용으로 골프 연습장이나 헬스장을 등록해 직무와 육아스트레스를 해결하고 건강을 유지하는 것도 바람직하다.

자녀를 위한 금융 상품을 추천해준다면?

요즘은 대부분 임신 중에 태아보험에 가입하는데 C씨는 아직 아이 보험을 가입하지 않은 상태다. 어린아이들은 면역력이 약해 5세 전에는 병원에 가는 경우가 다반사다. 보장성 위주로 구성돼 월 3만 원가량의 보험료를 내는 어린이 건강 보험 가입을 추천한다.

또 아이가 태어나면 주위 가족과 친구들로부터 축하금이 들어오는 경우가 많다. 이름을 짓고 출생 등록으로 주민등록번호가 나오면 제일 먼저 은행에 가서 입출금 통장을 만들고 적립식 펀드 상품에 가입하기를 권한다. 어린이 펀드는 월 1만 원 이상 자유롭게 입금이 가능하다. 작은 금액이라도 부모의 급여일에 자동 이체를 설정해두고 꾸준히 유지하면 자녀가 성인이 됐을 때 목돈이 되어 유학 자금 등으로 쓸 수도 있다.

5년 후 5억 원 현금 마련이 가능할까?

C씨 부부는 현재 전세 자금 대출을 제외하고 약 2억 3,800만 원의 목돈을 보유하고 있다. 5년 동안 5억 원을 목표로 한다면 원금 기준 매월 450만 원을 저축해야 하는데 배우자의 육아 휴직 동안에는 불가능한 일이다. 육아 휴직 1년 동안은 월 200만 원을, 배

우자가 복직한 후에는 아이 양육비를 제외한 월 300만 원을 저축하는 것을 목표로 한다.

배우자 복직 후 월 300만 원씩 기대 수익률 연 7%로 투자하면 5년에 2억 1,600만 원의 자금을 확보하게 돼 목표 자금에 거의 도달할 수 있다. 계획한 시기보다 1년이 늦어지지만 배우자의 휴직으로 소득이 감소하기 때문에 목표 기간 수정이 필요한 상황이다.

여유 자금 투자는 어떻게 할까?

C씨 부부는 장기 투자 관점으로 호흡을 길게 가져가야 하므로 짧은 순간의 손실에 민감하게 반응할 필요가 없다. 매월 여유 자금을 투자할 때는 주식과 적립식 펀드에 50%씩 넣는 것을 추천한다. 6년이라는 기간 동안 매월 일정액을 불입하는 방식이므로 3~4개의 금융 상품으로 나눠 포트폴리오를 구성하면 수익률이 더 낫다.

주식은 미국의 인플레이션 압력으로 인하여 시장의 변동성이 지속될 것으로 예상되어 성장주와 가치주를 함께 가져가는 바벨 전략을 추천한다. 펀드는 국내보다는 글로벌, 특히 미국을 추천한다. S&P500 지수를 추종하는 인덱스와 장기 채권형 상품 등을 추천한다.

매달 내는 60만 원의 보험료가 많은 것은 아닌지?

C씨는 매달 배우자 10만 원과 본인 50만 원의 보험료를 지출하고 있다. 통상 급여의 5~10%가 적정 보험료인데, C씨 부부는 총 60만 원으로 배우자의 육아 휴직으로 급여가 줄 것을 감안하면 과다 지출되고 있다.

30세 이전에 가입한 종신 보험은 보험료도 10만 원으로 저렴한 데다 이제는 한 가정의 가장이므로 계속 유지할 필요가 있다. 본인 실손 보험과 운전자보험, 배우자 실손 보험과 건강 보험, 아이 건강 보험 등의 구성으로 월 40만 원 정도의 보험료가 지출되도록 재설계할 것을 추천한다. 현재 가입된 보험을 해지하지 않고 보험료를 감액한 후 완납 처리하는 방법도 있으니 보험사에 상담을 받아보고 변경하도록 한다.

C씨는 지난해 결혼 생활을 시작하여 부부가 출산 전까지 생활비를 절약하며 급여의 3분의 2를 저축하고 있는 모범적인 가정이다. 이제 아이가 태어났으니 아이를 위한 금융 상품을 고려해보고, 배우자의 출산 휴가로 소득이 일시적으로 줄어든 상황에 맞는 지출 감소 계획을 실천하기 바란다. 5년 후의 내 집 마련은 6년으로 계획을 수정하고 주식과 펀드를 선택할 때도 4개 이상의 포트폴리오를 구성하여 원하는 목돈을 마련하기를 바란다. 앞으로 C

씨 부부는 25년 후의 퇴직을 계획하는 연금 상품만 추가로 가입하면 인생 전반에 걸친 자산 관리가 이루어질 듯하다.

📈 알뜰살뜰 솔루션

[월 835,000원/연 6%/3년]

수익률	3.00%	4.00%	5.00%	6.00%	7.00%
1	₩36,590,396	₩36,789,613	₩36,990,052	₩37,191,721	₩37,394,626
3	₩113,143,835	₩114,926,503	₩116,744,423	₩118,598,356	₩120,489,079
5	₩194,424,988	₩199,559,924	₩204,868,325	₩210,356,642	₩216,031,581

상담 전			상담 후		
수입	본인	400만 원	수입	본인	400만 원
	배우자	300만 원		배우자	100만 원
지출	주식(삼성전자)	300만 원	지출	펀드	100만 원
	청약	20만 원		주식	100만 원
	연금 저축	15만 원		연금 저축	15만 원
	보장성 보험	60만 원		보장성 보험	40만 원
	비상 예비자금	20만 원		관리비, 가스료	25만 원
	관리비,가스료	25만 원		대출금 이자	30만 원
	대출이자	30만 원		식비 및 기타	90만 원
	식비 및 기타 생활비	70만 원		차량 유지비	23만 원
	차량 유지비	23만 원		부모님	20만 원
	부모님	30만 원		휴대폰	7만 원
	휴대폰	17만 원		교통비 포함 용돈	40만 원
	교통비 포함 용돈	80만 원		본인 레저 비용	10만 원
	본인 레저 비용	10만 원		–	–
	총계	**700만 원**		**총계**	**500만 원**

상담 전 자산/부채 현황					
자산	비상예비통장	100만 원	부채	신용대출(연 6%)	1,100만 원
	주식(삼성전자)	600만 원		전세대출(연 4.7%)	1억 2,000만 원
	청약 저축	1,660만 원		–	–
	연금 저축	1,440만 원		–	–
	임차 보증금	3억 2,000만 원		–	–
	총계	**3억 5,800만 원**		**총계**	**1억 3,100만 원**

벌이는 적지만
빚 없는 신혼부부입니다

2년 후 내 집 마련
컨설팅을 하자면…

결혼한 지 1년 된 J씨 부부는 아직 신혼이고 아이를 낳을 생각은 있지만 아직 계획은 없다. 결혼한 친구들 이야기를 들어보면 아이가 생기기 전이 돈을 가장 많이 모을 수 있는 시기인 것 같다. 그래서 J씨 부부는 소득의 50% 이상을 저축하고 있다. 2년 정도 후에 내 집 마련을 계획해 자금을 모으고 있다. 돈을 어떻게 모으는 것이 가장 효율적인지에 대해 궁금하다.

지금처럼 차곡차곡 모으기만 하면 되는지?

J씨 부부는 2년 후 내 집 마련을 목적으로 현재 전세 보증금 외에 추가로 3억 원을 마련하는 게 목표이다. 현금성 자산 8,000만 원과 적금 252만 원으로 1억 8,000만 원을 달성해야 하는 상황이다. 이를 위한 연평균 수익률은 연 16% 정도로 예금과 적금으로는 목표 금액을 달성하기 어렵다. 아무래도 목표 금액이나 목표 기간의 조정이 필요하다. 먼저 실적 배당형 상품으로 투자를 전환하는 방법을 고려해야 한다.

목돈 8,000만 원은 확정 금리형 상품으로 운용하는 것이 안정적이며, 매월 투자하는 적금은 실적 배당형 상품으로 분산 투자할 것을 제안한다. 2년 후 사용해야 하는 자금이므로 변동성이 심한 상품은 지양하고 플러스알파 수익을 추구할 수 있는 상품에 관심을 가져보는 것이 좋다. 채권혼합형 펀드 가운데 일정 부분을 중소형주에 투자하거나 롱숏 전략으로 초과수익을 내는 상품도 대안이 될 수 있다.

소비 비중을 점검해본다면?

아이가 태어나면 육아비로 지출이 많기 때문에 그 전에 보험료, 통신비, 외식비 등을 조금이라도 줄여 적립식 펀드에 가입해 돈을 모을 필요가 있다. 보험료는 소득 대비 10% 정도가 적당하나 현재 30대이면 보험료 30만 원은 과다한 편이다. 이에 재설계를 통해 20만 원 수준으로 조정하길 권한다. 또 교통·통신비에서 휴대폰, 인터넷, TV는 결합 상품으로 비용을 줄이고 외식비도 일부 줄이면 약 20만 원이 생겨 적립식 펀드에 추가로 넣을 수 있다.

적립식 펀드는 2023년 현재 주식시장 변동성이 크므로 EMP(ETF managed portfolio fund)펀드를 추천한다. EMP펀드는 여러 개의 상장지수펀드(ETF)나 상장지수증권(ETN)에 분산 투자해 효과를 극대화한 상품이다. ETF 자체가 특정 국가의 증시나 업종을 대상으로 분산 투자하는 펀드인데, EMP펀드는 다시 여러 ETF에 분산 투자를 한다. 그 때문에 '초분산 펀드'라고도 한다. 주식, 부동산, 채권 등 여러 종류의 ETF에 투자해 수익과 안정성을 동시에 노릴 수 있다.

한편 C씨 부부는 2년 후 주택 매입 때 일부 담보 대출을 고려해야 하므로 주거래 은행을 선정해 대출금리 우대를 받을 수 있도록 하는 것이 좋다. 주거래 은행을 정해 급여 이체, 적금, 펀드, 보험, 카드 등 다양한 거래를 하면 우대 금리를 높일 수 있다.

📈 알뜰살뜰 솔루션

상담 전			상담 후		
수입	급여 등	479만 원	수입	급여 등	479만 원
지출	적금	252만 원	지출	적금	126만 원
	연금 저축	25만 원		연금 저축	25만 원
	보험료	30만 원		보험료	20만 원
	교통·통신비	37만 원		교통·통신비	32만 원
	생활비	85만 원		생활비	85만 원
	경조사 · 외식	50만 원		경조사 · 외식	45만 원
	–	–		적립식 펀드	20만 원
	–	–		채권혼합형 펀드	126만 원
	총계	479만 원		총계	479만 원
상담 전 자산/부채 현황					
자산	전세 자금	1억 2,000만 원	부채	해당 없음	
	적금	8,000만 원			
	총계	2억 원			

5년 후 내 집 마련하고 싶은
외벌이 부부입니다

내 집 마련 플랜 첫 단계는
대출 갚는 것부터

30대 A씨는 대기업 근무 10년 차 직장인이다. 신혼 초만 해도 맞벌이 부부였지만 3년 전 아들이 태어나면서 아내는 자녀 양육에 전념하고 있다. 서울 강북 지역에서 전세를 살고 있는 A씨 부부는 아이가 초등학교에 들어가는 5년 후가 되기 전에 내 집 마련을 하고 싶다. 하지만 최근 1~2년 새 부쩍 뛴 아파트값을 보면 과연 꿈을 이루는 것이 가능할까 걱정이다. 어떤 방법이 있을까?

급여의 50%를 고정비로 지출하고 있는데 적당한가?

대기업에 근무하는 A씨는 연봉이 높은 편이라 외벌이라도 가계 소득이 부족하지는 않다. 어린 자녀가 있고 외벌이인 것을 고려할 때 소득 대비 가계 지출이 50%인 것은 과한 수준은 아니다. 하지만 자녀 교육비와 노후 준비가 부족한 만큼 좀 더 짜임새 있는 자금 계획이 필요하다. 특히 대출을 제외한 보유 자산만으로는 5년 후 내 집을 마련하기에는 부족해서 좀 더 체계적인 준비가 절실하다.

아이 교육비 준비는 어떻게 하면 좋을까?

현재는 자녀 교육비 명목으로 매달 35만 원의 유치원 비용만 나가고 있다. 하지만 아이가 초등학교에 입학하고 학년이 올라갈수록 이 비용은 더욱 늘어날 것이다. 여기에 대비해 우선 자녀 교육비 목적으로 15년 기간을 설정하고 매달 20만 원 정도로 저축을 하는 것을 추천한다.

저축 상품으로는 적립식 펀드와 어린이 저축보험을 선택해 분산 투자를 하는 것이 좋다. 급여에서 매달 자동 이체 되게 설정해 저축을 유지해야 한다. 티끌 모아 태산이라고 소액이라도 투자하는 기간이 길면 나중에 자녀가 대학에 입학할 때 등록금 부담을 덜 수 있다.

5년 후 내 집 마련을 위한 6억 원을 모으는 게 가능할까?

A씨의 현재 자산은 2억 7,800만 원이다. 이 가운데 5,000만 원은 개인연금이므로 실제 내 집 마련에 투자될 자금은 2억 2,800만 원이다. 그리고 월수입에서 지출을 뺀 금액 중 여유 자금 300만 원을 매월 저축한다면 1년에 원금 기준 3,600만 원을, 5년이면 1억 8,000만 원을 마련할 수 있다.

하지만 2022년부터 기준 금리가 오르기 시작하면서 2023년 현재 전세 자금 대출 금리가 상당히 올라 있다. 이를 감안하여 먼저 전세 자금 대출을 갚아 이자 비용이 나가는 것을 막는 게 우선이다. 중요한 것은 계획대로 자금을 모으기 위해서는 앞으로 5년간 현재의 고정 지출 비중을 유지해야 한다는 것이다. 이를 위해서는 가족 모두가 노력해야 한다. 미리 배우자와 내 집 마련 계획을 함께 공유하는 것이 중요하다.

대출 상환과 함께 챙겨야 할 것이 혹시 모를 상황에 필요한 비상금을 마련하는 것이다. 통상 급여의 3개월분은 여유 자금으로 준비해둬야 한다. 이를 위해 1년 정도는 매월 여유 자금 3분의 1은 입출금이 자유로운 머니마켓펀드(MMF) 통장에 입금하고, 나머지 3분의 2는 대출을 상환하는 방법을 추천한다. MMF 통장의 잔액을 어느 정도 유지하고 있으면 3분의 2를 상환하더라도 심적인 부담이 줄 것이다.

집을 구입할 때 대출은 얼마나 받는 게 좋을까?

A씨의 계획은 매매가 6억 원대의 아파트를 구입하는 것이다. 5년 후 자산 4억 원에 대출 2억 원을 합쳐 6억 원을 마련할 경우 대출 비율이 30% 수준이다. 앞으로 직장에 다니는 동안 원리금 상환을 한다면 어렵지 않게 갚을 수 있는 금액으로 보인다.

다만 지금의 아파트 시세가 5년 후에도 큰 변동이 없다고 가정할 때, 세 식구가 생활할 만한 신축 아파트를 서울 시내에서 6억 원대로 구입하는 것은 쉽지 않다. 만약 아파트 청약에 당첨된다고 해도 30평형인 84m^3에 입주하기 위해서는 10억 원 이상의 자금이 필요하다. 가격대에 맞춰 입주 10년이 지난 구축 아파트 구입을 고려해볼 수도 있다. 새 아파트를 원한다면 부족한 자금 사정, 낮은 청약 가점이라는 한계를 인정하고 서울 인근 신도시의 20평대 아파트를 찾아볼 만하다.

노후 자금 준비는 어떻게 시작해야 할까?

노후 자금 준비를 위한 대표적인 금융 상품으로는 개인연금과 개인형 퇴직 연금(IRP), 연금 보험, 연금 펀드, 연금신탁 등이 있다. 국민연금 수령액만으로 퇴직 전과 비슷한 생활을 누리기에는 턱없이 부족한 만큼 다른 연금 상품 가입은 필수이다. A씨는 다행히 개인연금에 가입해 있다. 다만 향후 수령액을 늘리려면 납입금을 지금보다 높이는 게 좋겠다.

많은 사람이 보유하고 있는 연금 수익률이나 소득 공제 금액, 공제율 등을 제대로 확인하지 않는다. 적어도 급여의 10% 정도는 노후 자금 준비를 위한 연금 자산으로 저축하고, 현재 가입한 연금도 매년 제대로 운용되는지 확인해야 한다. 매년 급여 인상분만큼 연금 자산을 위한 저축을 늘리는 방안도 추천한다.

40대를 앞둔 A씨에게 꼭 필요한 자산관리 조언은?

30대에 결혼한 A씨는 40대가 되면 회사생활과 가정생활이 안정기에 접어들게 된다. 보통 40대는 버는 돈도 많고 나가는 돈은 더 많아진다고들 한다. 버는 돈이 많고 생활도 안정기에 접어든 때일수록 보유하고 있는 자산과 부채의 점검이 필요하다.

낮은 금리의 예금 혹은 고위험 투자 상품에 넣어둔 자산 비중이 너무 높지 않은지, 유사시 필요한 실손 보험과 암보험은 100세 시대를 대비해 충분한 보장 기간을 확보하고 있는지 확인해야 한다. 특히 앞으로 다가올 50대를 생각하며 퇴직 후 제2의 인생을 준비해야 하는 시기라는 점을 잊지 말고 정확한 목표를 세워 꾸준히 준비해야 한다.

📈 알뜰살뜰 솔루션

	상담 전			상담 후	
수입	급여 등	650만 원	수입	급여 등	650만 원
지출	자녀 유치원비	35만 원	지출	자녀 교육비	35만 원
	자녀 보험료	20만 원		자녀 보험료	20만 원
	배우자 보험료	20만 원		배우자 보험료	20만 원
	본인 보험료	20만 원		본인 보험료	20만 원
	청약 저축	10만 원		청약 저축	10만 원
	개인연금	25만 원		개인연금	50만 원
	생활비	150만 원		생활비	130만 원
	대출금 이자	55만 원		자녀 펀드, 저축성 보험	20만 원
	여유 자금	315만 원		대출금 이자	45만 원
	–	–		비상금(MMF)	100만 원
	–	–		대출 상환	200만 원
	총계	650만 원		총계	650만 원
자산	전세 보증금	4억 원			
	개인연금	5,000만 원			
	청약 저축	800만 원			
	주식형 펀드	2,000만 원			
	총계	4억 7,800만 원			
부채	전세 자금 대출	2억 원			
	총계	2억 원			

아파트 청약 도전 중인
신혼부부입니다

입주 자금 마련에
집중하라

    S씨 부부는 결혼 1년 차이고 11개월 딸 하나를 두고 있으며 2년 후 둘째를 계획하고 있다. 현재 경기도에서 32평 아파트 전세 5억 7,000만 원으로 거주 중이며 5년 후쯤 9억대 아파트에 입주하고 싶다.

    펀드 자금으로 1,000만 원, 마이너스 통장 3,000만 원, 주택 청약 예금 1,200만 원, 보험 1,000만 원을 자산으로 보유 중이며 매월 ISA로 20만 원, 주택 청약 예금 10만 원, 보험 50만 원, 대출금 이자 10만 원, 적금 160만 원, 생활비 300만 원을 지출하고 있다.

    배우자는 3년 후 회사 계약 기간이 만료되는데 현재는 재계약이 확정되지 않은 상태이다. 5년 후 아파트 입주 자금을 어떻게 마련해야 할지 고민이다.

소비와 저축 비중을 점검해본다면?

S씨 부부는 공무원으로서 일반 직장인에 비하여 가계 소득이 다소 적은 편이나 노후 자금은 공무원 연금으로 충당이 가능하므로 다른 가정보다 노후 자금 마련의 부담이 적다. 주택 마련 자금과 자녀 교육 자금을 마련하는 데 집중하여야 한다. 배우자의 고용이 불확실하므로 확실한 맞벌이 기간인 3년 동안 자금을 바짝 모으도록 한다. 이를 위해 크게 두 가지를 제안한다.

첫째, 아파트 평수를 25평으로 바꿔야 한다. 세 식구인데 대출을 보유하면서까지 32평의 아파트에 거주하는 것보다는 내 집 마련 시기까지는 25평으로 변경하고 마이너스 대출을 상환하기를 권한다.

둘째, 생활비를 20% 이내로 절약해야 한다. 소득 대비 생활비 지출이 50%로 과다한 편이다. 아직 자녀가 어리고 한 명이기 때문에 생활비 절약을 통해 여유 자금을 최대한 확보해야 한다. 이후 둘째가 태어나고 첫째의 사교육비 지출이 시작되면 생활비를 줄일 여력이 많지 않기 때문이다. 지금보다 최소 20%는 절약해

생성된 자금은 적립식 펀드에 납입하여 5년 후 입주자금으로 충당하자.

운용 금융 상품을 점검해본다면?

ISA계좌는 불입액을 50만 원까지 증액하여야 한다. 개인종합자산관리계좌(ISA)는 계좌 내에서 발생한 수익에 대해 200만 원까지 비과세가 가능하다.

정기 적금으로 불입되는 160만 원을 기간별로 포트폴리오를 구성하여 운용하는 것을 제안한다. 단기 자금은 정기 적금 80만 원으로 묶어두고, 3년 장기로 적립식 펀드 유형을 달리하여 4개 정도 상품에 10만 원씩 불입한다. 대형 성장주, 대형 가치주, 채권형, 선진국에 투자하는 것을 추천한다. 그리고 첫째아이 이름으로 어린이 펀드를 개설해 10만 원을 넣도록 한다. 정기 적금은 매년 1,000만 원씩 모아 목돈을 마련하고, 적립식 펀드는 분할 매수함으로써 3년 후에 연 7% 이상의 수익을 기대해보자. 어린이 펀드는 교육 자금 목적으로 10년 이상 불입하기를 추천한다.

보험 재설계가 필요한지?

연금 보험이나 저축성 보험을 제외한 월 보험료 지출액은 월 소득액의 10% 이내가 적당하다. 암 보험, 종신 보험, 정기 보험, 질병 보험, 건강 보험 등은 모두 나이가 젊을수록 보험료가 저렴하다. 한 살이라도 젊을 때 보장 기간을 길게 가입해 보장 플랜을 미리 세워 놓는 것이 중요하다.

종신 보험에 부담을 느낀다면 정기 보험 가입을 고려해볼 수 있고 만기 환급형보다는 순수 보장형 보험에 가입한다면 납입에 대한 부담을 줄일 수 있다. 정기 보험은 만기에 보험료를 돌려받지 않는 보장성 보험으로 일반 종신 보험에 비해 보험료가 크게 저렴하다.

배우자의 재계약 시점을 고려하여 3년간 생활비를 절약하는 포트폴리오를 제안했다. 이대로 한다면 원금 9,000만 원 정도에 추가적인 수익을 고려하면 약 1억의 자금을 마련할 수 있다. 3년 후 변경된 자산으로 다시 돈 계획을 세우도록 하자.

알뜰살뜰 솔루션

	상담 전			상담 후	
수입	본인급여 등	300만 원	수입	본인급여 등	300만 원
	배우자급여	250만 원		배우자급여	250만 원
	총계	**550만 원**		**총계**	**550만 원**
지출	ISA계좌	20만 원	지출	ISA계좌	50만 원
	주택 청약 종합 저축	10만 원		주택 청약 종합 저축	10만 원
	보험료	50만 원		보험료	50만 원
	대출금이자	10만 원		적립식 펀드	110만 원
	생활비	300만 원		정기 적금	80만 원
	저축	160만 원		생활비	250만 원
	총계	**550만 원**		**총계**	**550만 원**

상담 전 자산/부채 현황					
자산	전세 자금	5억 7,000만 원	부채	마이너스 통장 (연 6%)	3,000만 원
	펀드	1,000만 원			
	주택 청약 종합 저축	1,200만 원			
	보험	1,000만 원			
	총계	**6억 200만 원**			

Q 연소득 1억 원을
제대로 굴리고 싶은
30대 부부입니다

70%를 저축하고
주택 청약을 노려라

3년 전 결혼해 세 살 아들을 둔 은행원 Y씨는 요즘 내 집 마련 걱정에 한숨이 절로 나온다. 지난해 서울 마포구 아파트 전세로 이사해 살고 있는데, 집을 사려니 대출이 부담이다. 그래도 부부가 맞벌이를 하는 만큼 5년 안에 아파트 한 채 구입할 꿈을 품고 있다.

무역회사에 다니는 남편과 자신을 합쳐 총 1억 6,000만 원의 연소득이 있고 전세금도 있다. 현재 자산은 대출 6,000만 원을 낀 전세 자금 4억 원, 본인과 남편 주식 4,500만 원, 입출금 통장 1,000만 원과 아들 명의의 레버리지 펀드 200만 원 등 총 4억

700만 원이다.

다만 2년 안에 둘째를 낳아 출산 휴가를 쓸지도 몰라서 목돈 모으기 계획을 세우기가 쉽지 않다. Y씨 부부가 5년 안에 대출을 모두 상환하고 8억 원 이상의 아파트 구입 자금 일부를 마련하려면 어떻게 해야 할까?

Y씨의 '5년 후 8억 만들기' 재무 목표는 적정한가?

연봉이 높고 시댁과 친정에서 육아 도움을 받을 수 있는 상황이라 비교적 수월할 듯하다. 다만 둘째 계획이 있어 목돈을 지속적으로 모으기는 현실적으로 어렵다. 일정 금액의 대출은 불가피하다.

아파트 청약에 관심을 가져보자. Y씨 부부는 현금 여력이 있기 때문에, 부동산 시장 변화를 잘 감지한다면 5년 안에는 반드시 기회가 올 것이다. 목표로 삼은 지역의 아파트에 지속적으로 관심을 갖고 정보를 모아야 한다. 둘째가 태어나기 전 아직 여력이 있을 때 절약을 생활화하자.

Y씨 재무 상태를 점검해본다면?

저축을 늘려야 한다. 일반적인 가정에 비해 저축액이 미미하다. 나는 보통 연봉 1억 원 규모면 50~70%는 저축하도록 권유한다. Y씨 부부는 현재 저축이 연봉의 10%에도 못 미치는 상황이다. 펀드나 보험도 많이 부족하다. 1,000만 원 정도의 여유 자금이 급여 통장에 쌓이면 대출 상환을 하고 있는데, 그보다는 고정적인 저축을 하여 다양한 포트폴리오를 유지하기를 바란다. 대출금을 상환하기 위한 용도의 예비 자금은 생활비 통장과 분리해 MMF, CMA 통장에 넣어 하루라도 이자를 더 받도록 하자. 생활비와 분리해두면 쓰고 싶은 유혹도 절제할 수 있다.

아이 명의의 저축을 늘려야 하는지?

현재 보유하고 있는 아이 명의의 레버리지 펀드는 손실이 났다면 무작정 들고 있기보다는 시장 상황을 고려해 상품을 갈아타는 게 좋다. 또 적금보다는 어린이 펀드 상품 같은 투자 상품 비중을 늘리는 걸 추천한다. Y씨 같은 급여 생활 가정은 어린이 펀드 상품을 10만 원씩 두 계좌에 운용하면서 수익률을 비교하는 방법도 좋다. 어린이 펀드에 장기간 가입하면 해외 캠프 등 이벤트도 있으니 활용할 만하다.

보험은 어떤 상품을 가입하는 게 연말 정산 등에 유리한가?

30대 중반에 접어들었으니 은퇴 자산 준비를 겸해 개인형 IRP 나 연금 보험에 가입하는 것을 추천한다. 노후 자금도 마련하고 연말 정산 때 환급도 받을 수 있다. Y씨는 이미 연금 보험을 월 10 만 원씩 지출하고 있으니, 연금 저축 펀드에 월 30만 원 정도 포 트폴리오를 구성해 수익을 보는 것도 방법이다. 연금 저축은 퇴직 때까지 지속적으로 불입하고 세제 혜택도 받는 장기 가입 상품이 기 때문에 적립식 펀드를 활용하는 것도 바람직하다. 개인형 IRP 는 연간 540만 원을 목표로 매월 45만 원씩 불입하면 된다. 직장 생활을 20년 이상 유지할 수 있다면 원금이 보장되는 정기 예금 보다는 퇴직 연금 펀드 상품을 추천한다.

배우자 명의 저축은 어떤 상품이 좋을까?

배우자의 보험은 필수인데, Y씨 남편의 보험이 적다. 보험료는 소득의 10% 내외에서 지출하는 게 적절하다. 남편에 대한 종신 보험과 실비 보험은 꼭 가입하기를 권한다. 남편이 부양가족의 지출 등으로 연말 정산 혜택을 보고 있다면 IRP나 연금 저축 보험 가입은 40대 이후에 해도 무방할 것으로 보인다. 40대가 되면 소득도 지금보다 늘고 세금도 많이 납부하게 되니 자연스럽게 세액 공제가 가능한 상품에 가입하게 될 것이다.

📈 알뜰살뜰 솔루션

상담 전			상담 후		
수입	급여 등	830만 원	수입	급여 등	830만 원
지출	아이적금 및 보험	20만 원	지출	아이적금 및 보험	30만 원
	주택 청약 종합저축	10만 원		주택 청약 종합저축	10만 원
	본인 연금 보험	10만 원		본인 연금 보험	10만 원
	본인 보장성 보험	12만 원		본인 보장성 보험	12만 원
	배우자 청약	10만 원		배우자 청약	10만 원
	생활비(신용카드)	250만 원		본인 연금 펀드	30만 원
	여유 자금	518만 원		본인 개인형IRP	45만 원
	–	–		배우자 보험	17만 원
	–	–		생활비(신용카드)	250만 원
	–	–		MMF(여유 자금계좌) 대출상환용	416만 원
	총계	830만 원		총계	830만 원

상담 전 자산/부채 현황					
자산	전세 자금	4억 원	부채	일반대출(연 7%)	6,000만 원
	주택 청약	1,000만 원			
	주식	4,500만 원			
	아들펀드	200만 원			
	신씨연금	300만 원			
	입출금 통장	1,000만 원			
	총계	4억 7,000만 원		총계	6,000만 원

아이에게 부를
물려주고 싶어요

계획적인 소비 습관을
우선 길러주자

아이들이 1년 중 '가장 좋아하는 날' 가운데 하나가 설날이라고 한다. 오랜만에 일가 친인척들과 시골집에 모여 앉아 맛있는 음식을 나눌 수 있어 기쁘기도 하지만 아이들이 더 설레어 하는 이유가 있다. 바로 세뱃돈 때문이다. 반면 어른들에게는 세뱃돈이 큰 부담이 된다. 설날이 다가오면 세뱃돈 봉투에 얼마를 담아야 할지 '평균 세뱃돈'이 기사화될 정도이다. 세뱃돈을 얼마나 줘야 적당하고, 어떻게 활용해야 좋은지에 대해 알아본다.

세뱃돈으로 경제 교육을 한다면?

3년 만에 돌아온 대면 명절인 2023년 설날, 대한민국 국민이 생각하는 세뱃돈의 적정 금액은 5만 원인 것으로 조사됐다. SK커뮤니케이션즈가 성인남녀 6,044명을 대상으로 '당신이 생각하는 세뱃돈 금액'을 조사한 결과, 응답자의 43%가 5만 원이라고 답했다.

본래 세뱃돈은 새해를 맞아 덕담과 함께 복을 나눠주는 마음의 선물이다. 복돈을 넣은 세뱃돈 봉투에는 한 해 동안 건강하고 성공하길 바라는 마음이 담겨 있다. 그래서 옛날 어르신들은 세배를 받으면 세뱃돈과 함께 덕담을 건넸다. 아이들도 새해에 받은 덕담을 가슴에 새기고 더욱 노력하는 모습을 보였다. 또 봉투에 책값, 붓값 등 사용 용도까지 적어주며 돈 쓰는 지혜를 알려주기도 했다고 한다.

세뱃돈으로 경제 교육을 하면 좋다. 아이들에게 세뱃돈을 클 때까지 맡아준다며 무조건 빼앗거나 원하는 비싼 물건을 사도록 하는 것은 바람직하지 않다. 세뱃돈으로 무엇을 할 것인지에 대해 의견을 나눈 후 아이가 용돈을 관리하도록 하자. 그러면 자연스럽게 돈의 가치를 깨닫고 저축하는 습관을 길러줄 수 있다. 경제 교육은 빠를수록 좋다. 초등학생 정도면 용돈 관리가 가능하다. 어렸을 때 몸에 밴 경제 습관은 어른이 되어서도 바람직한 소비생활을 할 수 있도록 해준다.

세뱃돈으로 자녀나 손자 명의로 통장을 만들어주거나 어린이 전용 적금 및 보험 등 금융 상품에 가입해 경제관념을 길러주는 것도 좋은 방법이다. 아이와 함께 은행에 방문해 세뱃돈으로 어린이 적금이나 펀드 등을 개설하자. 매월 부모 계좌에서 일정액이 자동 이체되게 하면 좋다. 이후 명절 때마다 받은 용돈을 추가로 납입한다. 돈이 불어나는 것을 확인하며 저축하는 즐거움을 알아갈 수 있다.

CHAPTER 3

수입이
없을 때를
대비한
돈 계획

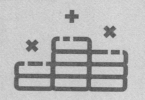

8년 후 정년퇴직인데
마이너스 통장 유지해야 할까?

마이너스 통장은
담보 대출로 돌려라

　P씨는 대기업에서 20여 년 동안 근무하고 있다. 정년은 55세로 8년 후 퇴직이 예정돼 있다. 집안의 가장으로 생계를 책임지다 보니 결혼 적령기를 놓쳐서 싱글이고 향후에도 결혼 계획은 없다. 최근 친구들을 만나 이야기하다 은퇴 생활에 대한 준비가 필요하다는 점을 깨닫고 지금까지 모은 자산 현황을 살펴보게 됐다. 수입과 지출 현금 흐름까지 체크해보면서 이제껏 계획 없이 소비해왔다는 사실을 발견했고, 독신으로서 노후 생활비가 얼마나 필요한지, 모은 자산을 사후에 어떻게 상속해야 하는지도 고민이다.

소비 패턴에서 개선해야 할 점은?

P씨는 급여 소득보다 매월 70만 원 이상을 초과 지출하고 있다. 마이너스 통장 한도가 5,000만 원인데 거의 한도까지 이용하고 있다. 개인 소비 대금(신용카드 대금 380만 원+현금 100만 원)은 급여의 69% 수준으로 전반적으로 지출이 과한 상태이다. 싱글이라서 특별하게 자녀 교육비나 결혼 자금에 대한 부담은 없지만 월수입이 소비 지출과 대출금 이자를 감당하지 못해 계속 대출금이 늘고 있다.

매주 여행 경비로 30만~40만 원 지출이 발생하고 미용, 피부, 쇼핑 등으로도 80만 원 이상을 쓰고 있었다. 어머니와 생활하면서 신용카드 외에 현금 지출도 추가적으로 발생하고 있다. 현금과 신용카드를 각각 사용하다 보니 소비 통제가 더 어려운 듯해 생활비 명목의 계좌를 따로 만들어서 소비를 통제하는 방법을 추천한다.

자산 포트폴리오는 어떻게 조정해야 할까?

우선적으로 해야 할 일은 매월 부족한 70만 원에 대한 조정이다. P씨는 연금, 보험, 부동산 등 부채를 제외하고 순자산 9억 원가량을 보유하고 있다. 보유하고 있는 자산만으로도 노후 생활은 충분히 가능할 듯하다. 연금 상품은 연말 정산 최대 공제가 가능한 75만 원으로, 보험료는 실비, 암보험에 해당하는 30만 원으로 높일 필요가 있다. 신용카드 대금에서 100만 원, 연금에서 25만 원, 보험료에서 20만 원을 각각 감액하면 가능하다.

앞으로 8년 후 정년퇴직이 예정돼 있으므로, 소비지출을 줄인 금액으로 비상 예비자금 및 투자 상품 가입을 추천한다. 또 연금과 보험은 장기적으로 유지해야 하므로 비상금이 필요할 경우 다시 대출을 받아야 할 수도 있다. 그래서 비상 예비 자금은 3개월 급여 금액만큼 MMF 상품으로 가입하고 일정 금액이 모아진 후 투자 상품인 주식, 펀드, ETF 등으로 전환해 자산 관리를 하는 것을 추천한다.

마이너스 통장 5,000만 원을 담보 대출로 변경할 경우 연 1.5% 내의 대출금 이자를 줄일 수 있다. 마이너스 통장은 갑자기 필요한 자금을 인출할 용도로만 활용하는 것이 좋다. 경험상 마이너스 통장을 사용하면 지출 통제가 쉽지 않기 때문이다.

은퇴 생활 자금은 얼마가 필요할까?

P씨는 현재 월 480만 원을 사용하고 있으나 퇴직 후에는 현 생활비의 60%인 300만 원을 쓰기를 희망한다. 월 300만 원으로 30

년의 은퇴생활을 가정한다면 10억 8,000만 원이 필요하다. 65세에 국민연금 100만 원을 수령할 예정이므로, 연금까지 감안한다면 30년 동안 은퇴생활비는 약 8억 4,000만 원이 필요하다.

P씨는 여주 토지에 건물을 신축해 퇴직 후 노모와 편안하게 살 계획이다. 사내 복지 연금 2억 원과 보유 주택 2억 원을 처분해 건물 신축 자금으로 이용할 수 있다. 결론적으로 본인 거주 주택 4억 원과 연금 보험과 저축보험 1억 원, 퇴직금 예상액 3억 원, 향후 8년간 예상 저축액 1억 4,400만 원(투자 상품 75만 원+연금 75만 원×96개월) 등 총 9억 4,400만 원의 자산으로 30년 동안 원하는 은퇴생활을 할 수 있다.

보유 부동산을 매매할 때 양도 차익은 3억 원(자택 : 2억 원, 동생 거주 주택 : 1억 원)이 예상되는데 1가구 2주택에 해당되므로, 양도 차익이 적은 주택부터 매도하는 것을 염두에 둬야 할 것이다. 건물 신축 시기는 퇴직 후보다는 현금 흐름이 있는 재직 중으로 잡는 것이 좋다.

재산을 원하는 사람에게 물려줄 수 있을까?

P씨는 본인이 사망할 경우 보유 중인 재산을 동생의 자녀(10세)에게 물려주고 싶다. 동생 부부가 아닌 조카에게 상속 자금을 전

118

달하려면 어떤 절차를 밟아야 하는지 궁금하다.

　퇴직 후 여주에 집을 짓고 거주하면서 이 건물을 은행 신탁 상품을 활용해 상속한다면 미성년자이더라도 조카에게 상속해줄 수 있다. 유언 대용 신탁 상품은 특별하게 유언장이 없어도 신탁 계약을 통해 재산 상속이 가능하다. 은행에 재산을 신탁하면서 생전에는 본인을 수익자로 정하고 사후에는 생전에 정한 수익자에게 안정적으로 신탁 재산이 승계된다. 금전, 부동산, 금전채권, 유가증권 등 다양한 자산이 신탁 가능하므로, 신축 건물(4억 원 예상)을 신탁 대상으로 하여 상품을 가입하면 된다. 다만 신탁을 하게 되면 신탁 보수가 발생하고 고객 생존 기간 중에는 언제든지 중도 해지할 수 있다.

📈 알뜰살뜰 솔루션

상담 전			상담 후		
수입	급여 등	700만 원	수입	급여 등	700만 원
지출	엄마 용돈	70만 원	지출	엄마 용돈	70만 원
	신용카드 대금	380만 원		신용카드 대금	280만 원
	현금	100만 원		현금	100만 원
	연금	100만 원		비상 예비 자금 및 투자 상품	75만 원
	보험료	50만 원		연금	75만 원
	대출금 이자	70만 원		보험료	30만 원
	△	70만 원		대출금 이자	70만 원
	총계	**700만 원**		**총계**	**700만 원**

상담 전 자산/부채 현황					
자산	사내복지연금	2억 원	부채	주택 담보 대출 (연 5%)	1억 5,000만 원
	펀드	120만 원		마이너스 통장 (연 6.5%)	5,000만 원
	저축보험	2,000만 원		–	–
	연금 보험	8,000만 원		–	–
	빌라(자택)	4억 원		–	–
	빌라(동생 거주)	2억 원		–	–
	토지(여주)	2억 원		–	–
	총계	**11억 120만 원**		**총계**	**2억 원**

Q

아이가 어린데
곧 명예퇴직하게 된
워킹맘입니다

맞벌이하는 동안
집중적으로 저축하라

금융업계에 종사하는 40세 K씨는 한숨을 쉬는 날이 많아졌다. 연봉 1억 원을 받는 고소득자이지만 업계 특성상 5년 안에 명예퇴직을 해야 할 처지이기 때문이다. 44세인 남편은 정보통신업계(IT)에 몸담고 있고 연봉은 1억 원으로 K씨와 비슷하다. 남편은 정년인 55세까지 약 11년을 더 다닐 수 있지만 5년 뒤부터는 월 수익이 절반으로 줄 것이라고 생각하니 막막하기 그지없다. 내년에 초등학교에 입학하는 딸아이 생각을 하면 한숨만 나온다.

그렇다고 자산이 많은 것도 아니다. 5억 원대 경기도 소재 25평형 아파트 한 채와 마땅한 투자처를 찾지 못하고 있는 현금 자산

2억 원이 전부이다. 곤궁하게 사는 것은 아니었지만 5년 후 K씨의 현금 흐름이 끊기므로 지금 대비를 하지 못하면 노후 생활이 어려울 것 같다.

새로운 포트폴리오를 짠다면?

K씨가 정확히 5년 후에 은퇴한다는 가정하에 매월 생활비와 자녀 교육비를 차감한 여유 자금을 5년 동안 집중적으로 저축하는 포트폴리오를 구성했다. 현재 생활비 500만 원과 자녀 교육비 100만 원을 합친 600만 원을 고정 비용으로 계산하면 매월 투자에 활용할 수 있는 금액은 1,060만 원이다. 이 금액을 자녀 교육비 30%, 자녀 결혼 자금 10%, 노후 자금 35%. 의료비 2%, 여유 자금 23%로 각각 나눴다.

딸의 교육비로 대학교까지 2억 원 정도가 필요하다. 이를 위해 적립식 펀드와 저축성 보험으로 각각 150만 원씩 매월 불입하도록 한다. 대학 교육비는 자녀가 성인이 될 때까지 여유 기간이 있는 만큼, 단기 정기 적금보다는 장기 펀드 상품으로 가입하는 것이 좋다. 적립식 펀드는 5년 만기, 저축성 보험은 5년 납입, 10년 만기 비과세 상품을 추천한다. 자녀의 결혼 자금도 딸이 서른 즈음에 결혼한다고 예상해 최종 1억 원을 마련하고자 한다면 월

100만 원씩 5년 납입 10년 만기 비과세 상품을 가입한다.

노후 자금은 부부 모두 세제적격 연금을 가입해 연말 소득 공제가 가능하도록 했다. 60세 이후 100세 보증까지 수령하면 총 25만 원의 고정 수입을 유지할 수 있다. 강씨 본인(10년 납)과 남편(5년 납)으로 35만 원씩 매월 납입하여 연 400만 원까지 소득 공제 혜택도 추가적으로 받을 수 있다.

저축 여력의 30%인 300만 원을 맞벌이할 수 있는 5년 동안 집중하여 불입하자. 이를 통해 60세 이후에는 100세까지 최대 100만 원 정도의 연금을 받을 수 있다. 여기에 두 사람의 국민연금을 포함하면 최소한 250만 원은 매달 꾸준히 연금 수입을 유지할 수 있다. 300만 원을 희망하면 향후 추세를 봐 주택역모기지를 활용하는 방안도 고려해볼 만하다.

이 밖에도 실비보험과 암보험을 필수로 가입해야 하므로 소득의 10% 수준에서 보험료가 저렴한 소멸성 보장 보험을 추천한다. 40대는 건강에 이상이 생길 가능성이 많기 때문이다.

나머지 여유 자금은 적립식 펀드를 추천한다. 미국의 인플레이션 압력으로 시장의 변동성이 지속되니 채권형 펀드 및 주식형 펀드(대형 성장주, 대형 가치주, 선진국 등)로 분산 가입하여 2~3년 후 수익을 노려보기를 추천한다.

현금 자산 2억 원은 MMF(15%), 공모형 만기매칭형펀드(25%), 공모주 하이일드펀드(10%), 지수형ELS(25%), 해외주식(25%)으로 포트폴리오를 제시한다. 이를 통해 수익률을 7~10%까지 유지할 수 있다. MMF에 3,000만 원을 넣어둬 비상 자금으로 활용하고 금융시장의 변화로 지수가 하락할 때 추가 자금을 투자하여 10%대 고수익을 노려보는 것도 좋을 듯하다.

알뜰살뜰 솔루션

월소득 여유 자금 투자 포트폴리오(1,660만 원−600만 원=1,060만 원)

구분	상품	기간	예상 이율	월불입액 (만기수령액)
자녀 교육비 (30%)	적립식 펀드	5년	6%	150만 원(1억 원)
	월납 보험	5년 납/10년 만기	3.0%	150만 원(1억 원)
자녀 결혼 자금 (10%)	월납 보험	5년 납/15년 만기	3.0%	100만 원(1억 원)
노후 자금 (35%)	세제적격 연금 저축 (본인)	10년 납/60세 수령	2.6%	35만 원 15년 확정
	세제적격 연금 저축 (배우자)	5년 납/60세 수령	2.6%	35만 원 15년 확정
	일반연금	5년 납/60세 수령	3.0%	300만 원 (100만 원 100세보장)
의료비(2%)	실비보험, 암보험	20년 납	−	20만 원
여유 자금(23%)	적립식 펀드	5년	6%	270만 원(2억 원)
계		−		1,060만 원

[월1,500,000원/연 6%/5년]

수익률	3.00%	4.00%	5.00%	6.00%	7.00%
3	₩56,571,918	₩57,463,251	₩58,372,212	₩59,299,178	₩60,244,539
5	₩97,212,494	₩99,779,962	₩102,434,162	₩105,178,321	₩108,015,790
7	₩140,362,913	₩145,615,010	₩151,120,033	₩156,891,445	₩162,943,462

노후 자금이 모자란
50대 가장입니다

63세 시점에
주택 연금을 활용해보라

    퇴직이 몇 년 남지 않은 50대 직장인 C씨는 퇴직 이후를 생각하면 눈앞이 깜깜하다. 은퇴하고도 30년은 족히 생활해야 하는데 그만한 여유 자금이 될지 확신이 서질 않기 때문이다. C씨 부부는 슬하에 23세, 25세의 자녀가 있다.

    C씨의 자산 규모는 10억 원 상당이며 자산의 절반 정도가 부동산이다. 연봉은 8,000만 원으로 매달 200만 원씩 저축이 가능하다. 또 25년 이상 낸 국민연금, 회사의 퇴직 연금, 개인연금 저축(2,000년 이전), 연금 저축(2001년 이후)을 보유하고 있다.

C씨는 퇴직 후 두 자녀의 결혼 자금으로 각각 1억 3,000만 원 정도를 예상하고 있고, 노후 생활 자금은 매달 200만 원 정도를 생각하고 있다. 그러려면 현재의 자산을 어떻게 운용해야 할지 고민이다.

현재의 자산 운용을 점검해본다면?

C씨는 개인연금과 연금 저축을 신탁과 보험으로 가입해 운용 중이므로 앞으로의 수익률을 연 5%로 가정했다. 은퇴 이후에도 최대한 안전하게 운용하고 싶어서 투자 수익률은 연 5%를 유지하기로 했다.

C씨가 목표하는 자녀의 결혼 자금과 본인의 은퇴 자금을 10%의 수익률로 준비한다면 현금 자산 3억 원과 연 2,400만 원을 5년간 적립해 55세에 6억 3,931만 원의 자금을 마련할 수 있다. 이는 채권형 자산 수익률을 연 5%, 주식형 자산 수익률을 연 12%로 가정할 때 위험을 감수하더라도 주식형 자산 편입이 70~80% 가까이 돼야 가능한 계산이다.

만약 안전한 채권형 자산으로 운용하면 5%의 수익률로 5년 후 5억1,946만 원 자금을 마련할 수 있어 목표 금액에 1억 1,985만 원이 부족하다. 이를 보완하기 위해서는 현재의 소비를 줄여 매년 적립액을 늘려야 하는데, 현재의 소득과 소비 수준, 투자 성향을 감안하면 무리가 있다.

부동산 자산을 활용할 수 있을까?

그런데 C씨는 부동산 자산의 비중이 높다. 현재 보유하고 있는 아파트를 이용해 주택 연금 제도를 활용하기를 권한다. 안전한 채권형 자산으로 운용했을 때 목표하는 금액에 부족한 부분을 보완할 수 있다. 주택 연금은 주택 소유자(본인 혹은 배우자)가 만 55세 이상이고 9억 원 이하 주택인 경우 신청할 수 있다(2023년 2월 기준). 다주택자라도 합산한 공시가격 등이 9억 원 이하이면 가능하며, 9억 원 초과 2주택자는 3년 이내 1주택을 팔면 가능하다. 부부 모두가 사망하기 전까지 자신의 집에서 평생 거주하면서 연금을 받을 수 있다.

연금 지급 방식은 종신토록 매월 일정액을 지급하는 '종신 지급 방식'과 일정 한도(대출 한도의 50%)의 개별 인출을 허용하면서 나머지 부분은 매달 지급하는 '종신 혼합 지급 방식'의 두 가지가 있다. 공적 보증, 낮은 대출 금리, 세제 지원 등의 혜택도 받을 수 있다.

연금에 대한 소득세도 고려해야 한다. 모든 연금 소득이 과세 대상은 아니다. 과세 대상이 되는 연금 소득은 과세 이연(자금운용을 위해 자산을 팔 때까지 세금 납부를 연기)된 적립금으로 나오는 연금이다. 과세 대상 연금 수령액이 연간 1,200만 원을 넘으면 종합 신고 대상이 된다.

은퇴 시기가 늦춰졌을 때는 개인연금과 퇴직 연금 수령 시기도 함께 미뤄져야 한다. 수급 기간을 가급적 길게 해 연간 수령액을 줄이는 것이 절세의 요령이다. 이 같은 내용을 기초로 C씨는 목표 수익률을 연 5% 수준으로 설정해 55세 이후 자녀 한 명당 결혼 자금으로 1억 원을 투자 기간 5년의 채권형 상품으로 운용한다면 1억 2,700만 원을 마련할 수 있다. 은퇴 자금은 즉시 연금 보험으로 운용하기로 했다.

C씨는 63세 시점부터 주택 연금을 활용하기로 했다. 연금 저축과 개인연금, 퇴직 연금은 55세 시점에 수급 기간을 조정하거나 상품 변경을 고려하기로 했다. 이들 연금 상품은 수급 기간이 최소 5년에서 30년까지 가능하고, 보험일 때는 종신형도 가능하다. 세 가지 모두 최소 요건이 5년이기 때문에 투자 성과를 먼저 보기로 한 것이다.

"은퇴 직전에 노후를 준비하면 선택의 폭이 매우 좁아진다. 은퇴 자금은 안정적인 자산으로 운용해야 하지만, 수익률을 맞추려면 주식형 펀드 운용 금액을 늘리거나 생활수준을 낮춰야 한다.

하지만 투자 위험을 감수하거나 생활 패턴을 바꾸는 것은 쉽지 않다. 노후를 준비하는 기간이 길수록 부담은 줄고, 적절한 투자 포트폴리오로 자산 증식도 가능하므로 은퇴 설계는 빠르면 빠를수록 좋다고 할 수 있다.

퇴직 전 포트폴리오

[10% 포트폴리오]

구분	상품	기간	예상이율	금액
매월저축	주식형	5년	12%(70% 투자 비중)	월 200만 원 (156,164,762)
	채권형	5년	5%(30% 투자 비중)	
거치형	채권형	5년	5%	거치형 3억 원 (483,153,000)
계			−	639,317,762

[5% 포트폴리오]

구분	상품	기간	예상이율	금액
매월저축	주식형	5년	5%(30% 투자 비중)	월200만 원(136,578,883)
	채권형	5년	5%(70% 투자 비중)	
거치형	채권형	5년	5%	거치형 3억 원 (382,884,469)
계			−	519,463,352

퇴직 후 포트폴리오

구분	내용	금액
노후 자금	주택 연금, 개인연금, 퇴직 연금, 즉시연금보험 활용	월 200만 원 (30년 7억 2,000만 원 예상)
자녀 결혼 자금	채권형/5년/5%	거치형 1억 원(1억 2,700만 원)

[노후 자금: 월2,000,000원/연5%/5년]

수익률	3.00%	4.00%	5.00%	7.00%	10.00%
1	₩24,393,597	₩24,526,409	₩24,660,035	₩24,929,751	₩25,340,562
3	₩75,429,223	₩76,617,668	₩77,829,616	₩80,326,053	₩84,260,006
5	₩129,616,659	₩133,039,950	₩136,578,883	₩144,021,054	₩156,164,762

[노후 자금: 거치형 300,000,000원/연5%/5년]

수익률	3.00%	4.00%	5.00%	7.00%	10.00%
1	₩309,000,000	₩312,000,000	₩315,000,000	₩321,000,000	₩330,000,000
3	₩327,818,100	₩337,459,200	₩347,287,500	₩367,512,900	₩399,300,000
5	₩347,782,222	₩364,995,871	₩382,884,469	₩420,765,519	₩483,153,000

[자녀 결혼 자금: 거치형 100,000,000원/연5%/5년]

수익률	3.00%	4.00%	5.00%	7.00%	10.00%
1	₩103,000,000	₩104,000,000	₩105,000,000	₩107,000,000	₩110,000,000
3	₩109,272,700	₩112,486,400	₩115,762,500	₩122,504,300	₩133,100,000
5	₩115,927,407	₩121,665,290	₩127,628,156	₩140,255,173	₩161,051,000

자녀 교육시키느라
은퇴 자금에 소홀했습니다

안정적 노후를 위해
'3층 보장 연금'을 구축하라

퇴직이 몇 년 남지 않은 50대 직장인 A씨는 두 대학생 자녀를 둔 가장이다. 30대 초반에 결혼, 맞벌이를 하는 등 열심히 저축해 40대 초반 내 집 마련에 성공했다. 하지만 내 집 마련을 했다는 기쁨도 잠시, 두 자녀의 양육비와 사교육비 지출로 매월 저축률이 현저히 떨어졌고 최근에는 자녀들의 대학 등록금을 마련하는 게 벅차다.

A씨는 노후생활 자금을 위한 저축은 엄두도 못 내고 있는데, 정년퇴직은 성큼 다가온 상황이라 우울하기만 하다. 정년은 짧아지고 퇴직 후 노후생활 기간은 길어지니 어떻게 준비해야 할까

궁금하다.

은퇴 준비의 기본은 3층 보장 구조

노후생활 니즈에 맞춰 필요 자금을 계산하여 노후 자금 마련을 시작하는 것은 빠르면 빠를수록 좋다. A씨의 노후생활에 필요한 자금을 마련하려면 현재 매월 얼마의 저축이 필요한지 분석해보았다.

A씨는 중견기업에 25년 넘게 근속하며 국민연금을 내고 있고, 퇴직 연금이 있으며, 30대 후반부터 절세를 위해 세제적격 연금 저축을 가입해두었다. 즉 은퇴 준비의 기본 조건인 3층 보장 구조에 나름대로 가입되어 있었다.

3층 보장 구조의 1층은 공적 연금(국민연금, 사학연금, 공무원연금)이다. 국민연금은 가입자, 사용자 및 국가로부터 일정액의 보험료를 받고 노령연금, 유족연금, 장애연금 등을 지급함으로써 국가의 안정성을 보장하는 사회 보장 제도의 하나이다. 소득이 있을 때 꾸준히 보험료를 납부했다가 더 이상 일할 수 없는 나이가 되었을 때 기본적인 생활을 유지할 수 있도록 연금을 지원하는 제도이다.

3층 보장 구조의 2층은 퇴직 연금이다. 지난 2005년부터 도입된 퇴직 연금은 기존에 일시금으로 받아가던 퇴직금을 연금으로 받도록 한 것으로, 퇴직금이라는 자산을 평생소득 개념으로 바꾼 것이다.

퇴직 연금은 운영방법에 따라 확정 급여형(DB), 확정 기여형(DC)으로 구분된다. 확정 급여형(DB)은 사용자가 운용 자금을 운영하는 것으로 근로자가 지급받을 급여의 수준이 사전에 결정되어 있다. 확정 기여형(DC)은 매년 1회 이상 근로자 명의 계좌에 입금받아 근로자가 직접 금융 상품에 투자할 수 있는 제도이다. 따라서 근로자가 투자를 잘하면 늘어날 수도 있고, 투자에서 손실이 나면 퇴직금이 줄어들 수도 있다.

3층 보장 구조의 3층은 개인연금이다. 국민연금과 퇴직 연금이 각각 국가와 회사에 의해 마련된 것이라면, 개인연금은 개인이 직접 상품을 선택해 가입하는 것이다. 개인이 직접 가입할 수 있는 상품으로서 세제적격 연금과 세제비적격 연금으로 구분되는데 연금 신탁과 연금 보험, 연금 펀드 등 그 종류는 다양하다. 개인연금에 가입하는 것은 개인의 자유이나 정부는 가입을 유도하기 위해 연말 정산에 각종 세제 혜택을 주고 있다.

최근에는 연금 저축 펀드도 다양한 종류로 출시되고 있으므로 포트폴리오 차원에서 연금신탁만 보유한 고객이라면 시대의 흐름에 따라 연금 보험, 연금 펀드 등으로 분산 가입하는 것도 좋은 방법이다.

(국민연금 62세 수령액 142만 원은 물가상승률 4%를 감안, 현재 가치(55세)로 환산)

국민연금 107만 원 + 퇴직 연금 50만 원 + 세제적격 연금 81만 원 = 238만 원

A씨는 매월 238만 원의 은퇴 자금이 예상된다. A씨가 생활수준을 조정한다면 얼마든지 행복하고 즐거운 여생을 보낼 수 있는 금액이므로 노후생활을 불안해하지 않아도 될 듯하다. 만약 노후 자금이 부족하다고 생각된다면 주택 연금 제도를 이용하는 방법도 있다.

연금 소득세를 예상해본다면?

노후생활을 막연히 불안해하고 걱정하기보다는 구체적인 은퇴 설계를 해보자. 은퇴 후 필요 자금을 알아보고자 한다면 은퇴 시점, 물가상승률, 투자 수익률, 국민연금 수령 예상액, 기대여명 등 장기적으로 고려해야 할 변수가 많다. 그런 만큼 전문가의 조언을 활용하는 것도 바람직하다.

A씨의 경우를 예로 들어 은퇴 후 받게 될 연금 소득세를 살펴보자. 우선 A씨 총 연금 수령액은 연 2,850만 원으로 예상된다.

국민연금 1,280만 원 + 퇴직 연금 600만 원 + 세제적격 연금 970만 원 = 2,850만 원

A씨의 과세대상 연금 소득은 2,210만 원이다.
① 국민연금 : 총수령액 중 2002년 이후 불입분을 기초로 지급받는 연금액 → 연 640만 원
(국민연금관리공단에 문의하면 총 수령액 중 과세대상 수령액 파악 가능)
② 퇴직 연금: 연금수령액 전체 → 연 600만 원
③ 세제적격 연금 : 연금수령액 전체 (연금 저축 불입시 공제 한도까지 불입. 공제받음) → 연 970만 원
④ 세제비적격 연금 : 과세대상 연금 소득이 아님 (A씨는 미가입됨)

급여생활자들은 매달 월급을 받을 때 세금을 원천징수하고 다음 해 2월에 연말 정산을 통해 결정된 세액이 매월 원천징수된 세액보다 크면 추가로 세금을 부담하고, 작으면 원천징수됐던 세금을 환급받게 된다.

이와 동일한 과정으로 연금 소득 지급자가 연금을 지급할 때 원천징수를 하고, 추후 다른 소득이 전혀 없고 공적 연금 수령만 하는 사람은 다음 해 1월에, 사적 연금을 수령하는 사람은 다음 해 5월에 타 종합소득과 합산해 종합소득세 신고를 한다.

종합소득세 신고 대상자는 연금 소득 기준으로 1,200만 원을

넘는 경우에 해당한다. 종합소득세 신고를 한다고 하더라도 반드시 추가적인 세금이 발생하는 것은 아니고 연금 소득 간이세액표에 의해 원천징수되며 기납부세액이 산출세액보다 적을 경우 환급받을 수 있는 경우도 있다.

2023년 개정된 세법에 따라 연금 소득은 신고 대상자가 분리과세를 선택할 수도 있다.

3층 보장 연금

구분		종류	특징
1층	공적연금 (사회 보장)	국민연금, 사학연금, 공무원연금	소득이 있을 때 꾸준히 보험료를 납부했다 가 퇴직 후 나이가 되었을 때 기본적인 생활 을 유지할 수 있도록 지원하는 제도
2층	퇴직연금 (기업 보장)	확정급여형(DB), 확정 기여형(DC)	2005년부터 도입한 퇴직연금은 퇴직금이라 는 자산을 연금 소득이라는 명목 하에 평생 소득 개념으로 바꾼 연금 제도
3층	개인연금 (개인 보장)	연금신탁, 연금보험, 연금펀드, 개인형(IRP)	개인연금에 가입하는 것은 개인의 자유이나 정부는 가입을 유도하기 위해 연말정산 등 각종 세제 혜택 제도를 실시하고 있음. 연금 상품은 분산 가입하는 것을 추천함

토지를 물려주고 싶은데
노후가 걱정입니다

토지 상속으로
세 부담 낮춰라

논 5,000평과 밭 1,000평에서 벼와 고추를 재배하는 70대 B씨는 농사 소득을 착실히 모아 현금 자산을 1억 원가량 확보했다. 몸이 불편해 조만간 농사일을 그만두고 인근에서 펜션을 운영하는 아들에게 농지를 물려줄 생각이다. 하지만 농사를 그만두면 고정적인 수입이 없어 걱정이다.

자녀에게 물려줄 때 세금 부담을 낮추려면?

보유 토지를 자녀에게 물려주고 싶다면 세 부담이 큰 증여보다 상속을 추천한다. 자녀가 직장생활을 하는 상황이라면 급하게 증여하는 것보다 상속하는 것이 세금 면에서 유리하다. 또한 자녀가 토지를 물려받으면 되도록 그 땅에서 직접 농사짓는 게 좋다.

농지를 상속받으면 자녀는 해당 농지를 임대 및 사용대(무상임대) 등의 형태로 활용해야 한다. 그렇지 않으면 투기 목적이라는 의심을 받아 농지 처분 대상이 될 수 있다. 처분 의무 통지를 받더라도 성실하게 경작하면 처분 명령을 유예(3년)받고 그 기간이 지나면 처분 의무가 소멸된다.

해당 농지를 양도할 때 증여 방식일 경우 자녀가 8년간 농사를 더 지어야 자경 농민 자격으로 양도세를 감면받는다. 그런데 상속 방식으로 전달하면 부모의 경작 기간이 합산돼 양도세 부담이 줄어든다. 가령 부친이 직접 경작하던 농지를 자녀가 상속받아 1년 이상 농사를 지어 부친의 자경 기간과 합쳐 8년 이상을 채우면 양도세가 100% 감면된다.

토지를 물려준 후 노후생활 준비는?

B씨처럼 농지를 자녀에게 물려주면 농지 연금을 활용할 수 없다. 입출금 통장에 묶어둔 현금 자산 1억 원을 노후소득의 원천으로 활용하는 전략이 필요하다.

우선 1억 원 가운데 5,000만 원을 즉시연금(종신형)에 넣고 매달 월급처럼 받는다. 즉시연금은 목돈을 한꺼번에 넣고 다음 달부터 바로 월급처럼 연금을 받는 보험 상품이다. 원금 손실 위험이 거의 없고 최저 보증 금리를 적용하며 비과세 혜택도 제공한다. 다만 매월 변동되는 금리를 적용해 수령 금액이 변경되고 종신형은 중도 해지가 되지 않음을 알고 가입해야 한다.

나머지 5,000만 원 중 3,000만 원은 MMF(머니마켓펀드)에 넣어두는 것이 효과적이다. MMF는 실적 배당 상품이지만 예금·적금보다 이율이 높고 2023년 현재 연 3%대로 다른 상품보다 수익률이 안정적인 게 특징이다. 남은 2,000만 원은 비상 예비 자금으로 수시 입출금 통장에 예치하자. 이렇게 하면 즉시연금과 합해 B씨가 쓸 생활비 80만 원을 매월 만들 수 있다.

알뜰살뜰 솔루션

B씨 포트폴리오

변경 전(재무 상태)		변경 후	
논	(시세) 3억 원	자녀 상속	양도 시 농사 1년 이상 지으면 8년 이상 자경농지 요건 갖춰 양도세 감면
밭	(시세) 3,000만 원		
입출금 통장	1억 원	즉시 연금 (상속형)	5,000만 원
–	–	MMF	3,000만 원
–	–	비상 자금	2,000만 원

이번 명절엔 부모님께
금융 상품을 선물해볼까?

꼼꼼히 따져보고
혜택을 챙겨보라

매년 명절 선물 선호도 조사에서 1위를 차지하는 것은 '현금'이다. 그런데 현금보다 더 돈 되는 선물이 있으니 바로 '금융 상품'이다. 부모와 어린 자녀에게 선물하는 금융 상품은 미래까지 내다보는 효도요, 투자다.

고향에서 농사짓는 부모님에게는 농지 연금

2011년 도입된 농지 연금은 보유한 농지를 담보로 매월 생활

144

비를 연금 형태로 지급받는 제도이다. 만 60세 이상으로 5년 이상 영농 경력이 있으면 신청이 가능하다. 농지 연금은 연금을 받으면서 담보 농지를 경작하거나 임대해 추가 소득을 올릴 수 있는 것이 장점이다.

월 최대 연금 지급액은 300만 원이며, 가입자가 사망하면 배우자가 연금을 계속 받을 수 있다. 가입자가 오래 생존해 연금 수령액이 농지 가격을 초과하면 차액을 한국농어촌공사가 부담하고, 수령액이 농지 가격을 밑돌면 차액을 가족에게 돌려준다. 농지 연금은 농어촌공사를 통해 신청하고, 자세한 내용은 농지 연금포탈(www.fplove.or.kr)을 참고하면 된다.

9억 원 이하 집이 있는 부모님에게는 주택 연금

주택 연금은 만 55세 이상 주택 소유자(본인 또는 배우자)이면 가입이 가능하며, 소유 주택을 담보로 평생 또는 일정 기간 동안 매월 연금 방식으로 노후생활 자금을 지급받는 상품이다. 주택 연금은 한국주택금융공사(www.hf.go.kr)를 통해 가입하면 된다.

고령화 사회 걱정 덜어주는 치매 보험

평균 수명 증가와 환경오염, 식습관 변화 등으로 50~60대에도 치매가 찾아오는 경우가 허다하다. 최근 치매보험은 고혈압이나 당뇨가 있어도 간편 가입형으로 70세까지도 가입이 가능하고 보험료도 5만 원 내로 부담이 적다.

어린 자녀에게는 적립식 펀드

어릴 때부터 스스로 돈을 관리하게 하는 습관을 들이는 데 좋은 상품으로 자유적금과 적립식 펀드를 추천한다. 자유적금은 1,000원부터 금액을 자유롭게 불입할 수 있고 원금이 보장되는 것이 장점이다. 은행마다 상품은 다르지만 통상 성인이 될 때까지 1년 이상 단위로 기간이 자동 연장되는 적금도 있다. 만기를 정하지 않고 성인이 될 때까지 지속적으로 불입하여 목적 자금을 마련하는 것을 추천한다.

적립식 펀드는 설날에 받은 세뱃돈은 한꺼번에 입금하게 하고, 평소에 돼지저금통에 동전을 모으게 하여 1년에 한두 번 적립식 펀드에 입금하게 한다. 실제로 돈이 늘어나는 것을 눈으로 확인하면서 아이는 저축의 묘미를 느낄 수 있다. 매월 부모 계좌에서 1만 원 이상 자동 이체를 하면 10~15년 후 목돈이 되어 자녀 교육비 부담을 줄일 수 있다. 다만 적립식 펀드는 투자 상품이므로 원금 보장은 되지 않는 만큼 찾을 때 주가지수를 잘 파악해 환매하도록 한다.

대상	금융 상품
부모님	농지 연금, 주택 연금, 치매보험
자녀	자유적금, 적립식 펀드

CHAPTER 4

합법적으로
덜 내고
더 돌려받고 싶은
세금

Q

13월의 월급이라는데
나는 왜 13월의 세금 폭탄?

연말 정산, 꼼꼼히 챙겨
더 많이 돌려받아라

　매년 12월이 되면 직장인들은 연말 정산에 필요한 소득 공제 항목들을 챙기느라 분주하다. 변경된 세제는 어떤 것이 있나 확인해보고, 부족한 부분을 연말 안에 보충한 후 소득 자료를 챙기자. 연말 정산에서 놓치면 가산세를 부담하게 되는 불상사가 발생할 수 있으니 본인의 소득 공제 항목을 잘 따져보아야 한다. 놓치기 쉬운 소득 공제 항목은 잡고 범하기 쉬운 실수는 줄여 똑똑한 근로소득자가 되어보자.

기본 공제 대상자의 소득 금액

수입이 아닌 소득 금액이 연간 100만 원을 초과하면 기본 공제 대상자가 될 수 없다. 소득 금액이란 총수입(총급여)에서 필요경비(근로소득 공제) 등을 뺀 금액을 말한다. 단, 예외적으로 기본 공제 대상자가 근로소득만 있는 경우 총급여 500만 원 이하는 공제 대상자에 포함된다. 가령 부모가 일정한 소득은 전혀 없는데 그해 부동산을 양도해 양도 소득 금액이 100만 원을 초과했다면 기본 공제 대상자는 될 수 없다.

장애인 공제

연말 정산에 적용되는 장애인의 범위에는 장애인복지법에 의한 장애인뿐만 아니라 항시 치료를 요하는 중증환자(암환자, 치매, 백혈병)도 속한다.

공제를 받는 방법도 의외로 간단하다. 진단을 받은 병원을 방문, 담당의사가 확인해주는 장애인증명서(세법상)를 받아 연말 정산 자료로 첨부해 제출하면 된다.

맞벌이 부부의 의료비 공제

근로소득이 있는 맞벌이 부부는 서로에 대한 세액 공제는 받을 수 없으나, 예외적으로 배우자를 위해 지출한 의료비 금액에 대해선 본인이 세액 공제를 받을 수 있다. 의료비 공제는 총급여의 3%

를 초과하는 금액에 대해서만 공제가 가능하므로 두 사람 중 공제를 많이 받을 수 있는 사람에게 합산해 공제를 받는 것이 유리하다.

초등학교에 입학한 자녀의 1월, 2월 유치원비

취학 전 아동에 대한 교육비는 연 300만 원이 공제되는데, 각종 학원, 유치원, 어린이집 등의 교육비가 포함된다. 일단 취학을 하게 되면 각종 학원에 지불한 교육비는 공제대상이 되지 않으므로 초등학교에 입학을 하고 나면 교육비 공제를 받을 수 있는 기회가 줄어드는 것이 현실이다.

초등학교에 입학한 아이의 1월, 2월 유치원, 어린이집, 학원 등의 비용은 교육비 공제의 대상이 된다. 예를 들어 아이가 2022년에 초등학교에 입학했고 그해 12월에 연말 정산을 한다고 하자. 2022년 12월 31일 기준으로 초등학교에 취학한 상태이므로 유치원 비용 등은 공제가 되지 않을 것이라고 생각하지만 취학 전에 지불한 유치원 비용 등은 그 해의 연말 정산 시 교육비 공제가 된다.

신용카드 맞춤형 소비 전략 필요

연말 정산에서 가장 많은 관심을 끄는 항목은 단연 신용카드 관련 소득 공제이다. 신용카드 관련 소득 공제를 받으려면 신용카드나 체크카드, 현금영수증 사용금액이 기본적으로 총급여의 25%를 넘어야 한다. 초과 사용금액 가운데 신용카드는 15%, 체크카드와 현금영수증은 30%를 소득 공제를 해준다. 기본 공제 한도는 최소 200만 원에서 최대 300만 원까지 총급여에 따라 다르다.

소득 공제를 받지 못하는 총급여의 25%까지는 각종 할인과 포인트 적립 등 혜택이 있는 신용카드를 위주로 사용하는 것이 유리하다. 이후에는 소득 공제 비율이 높은 체크카드와 현금영수증으로 소비를 하는 것이 바람직하다.

또 전통시장과 대중교통, 도서·공연 사용분, 소비 증가분에 대한 공제금액 등에 사용한 카드와 현금영수증 비용은 별도로 각각 100만 원씩 한도가 추가로 인정된다. 이때 소득 공제 비율은 30~40%가 적용된다. 한도가 700만 원으로 늘어난 셈이다.

가족 카드의 소득 공제

신용카드 공제는 신용카드 사용액이 총급여의 25%를 초과하는 금액의 15%~30%를 근로소득에서 공제해주는 제도이다. 그래서 가족카드를 발급하여 대금 지급자 기준으로 합산한 금액을 소득 공제를 받고자 할 수 있다. 그런데 가족카드는 대금 지급자의 기준이 아닌 사용자(명의자) 기준으로 소득 공제가 되기 때문에 합산 금액에서 제외된다는 점을 주의하기 바란다. 가족카드의 사용자(명의자)가 근로소득자의 기본 공제 대상자(형제자매 제외)라면 근로소득자의 신용카드 사용액으로 합산할 수 있다.

기부금

기부금은 1,000만 원 이하일 경우 20%로, 1,000만 원 초과 시는 35% 세액 공제가 된다. 한편 본인 외에 연간 소득 금액 기준 부모 및 형제가 기부한 게 된다면 같이 세액 공제를 받을 수 있다.

연금 저축 및 절세 금융 상품

IRP 300만 원 포함 900만 원까지 가능하다. 연금 저축은 연간 600만 원 한도에서 납입액의 15%(근로소득 5,500만 원 이하) 세제 혜택을 받는다. 90만 원의 세액 공제가 가능하며 이만한 혜택을 가진 금융 상품을 찾기가 쉽지 않다. 환급 혜택이 있어 연말 정산 공제 항목이 부족한 직장인이나, 세테크 금융 상품이 부족한 자영업자들에게 유용하다. 연금 저축은 연금 개시 연령에 따라 연금 소득세가 3.3~5.5% 저율로 과세된다.

연말 정산의 인적 공제가
궁금합니다

상황에 따라
인적 공제를 따져보라

L씨는 연말 정산을 하면서 가장 기본적인 인적 공제에 대한 의문점이 생겼다. 인적 공제에는 기본 공제와 추가 공제가 있다. 기본 공제는 본인 및 부양가족(배우자, 직계존비속, 형제자매 등) 1명당 150만 원 공제가 된다. 단 자녀와 형제자매는 20세 이하, 부모는 60세 이상일 때 또 연간 소득 금액 100만 원 이하(근로소득만 있는 경우 500만 원 이하)여야 한다. 추가 공제로는 70세 이상 경로우대 100만 원, 장애인 200만 원, 한부모 100만 원, 부녀자 50만 원(한부모와 부녀자가 중복일 경우 한부모 공제만 적용)이 있다.

L씨는 인적 공제에 해당하는 '연간 소득 금액 100만 원 이하'에

대해 이런저런 의문이 들었다. 연말 정산 시 소득 금액은 종합소득 금액, 양도 소득 금액, 퇴직소득 금액을 의미한다.

배우자가 이자 소득만 1,900만 원 있는데 배우자 공제가 가능할까?

이자 배당 소득은 합계액 2,000만 원 이하까지는 분리과세된다. 기본 공제 대상자의 소득 요건인 연간 소득 금액 100만 원 이하 판단은 비과세, 분리과세 소득은 제외하고 판단하므로 가능하다.

자녀가 해외주식 투자로 양도 차익이 600만 원 발생했는데 자녀 공제가 가능할까?

해외주식은 양도 차익에 대해서 과세한다. 양도 소득 금액이 100만 원이 넘어 기본 공제 대상자에서 제외된다. 해외주식 양도 차익에 대해 250만 원까지 양도 소득 공제한 후 22%의 양도 소득세를 적용한다. 다만 이 경우 양도 소득세를 납부하지 않는 것이지 기본 공제 대상자에서 제외되는 것이 아님을 주의해야 한다.

아버지가 2010년에 퇴직하여 연금을 수령하는 경우 기본 공제를 받을 수 있을까?

공적 연금 소득은 2002년 1월 1일 이후 납입된 원천에 대해서 연금 소득과세 대상이다. 따라서 아버지가 받는 연금(공무원 연금, 국민연금 등 공적 연금) 중 2002년 1월 1일 이후 부담금에 대한 연금 소득이 얼마인지에 따라 공제 여부가 달라진다. 연금 소득 금액이 100만 원 이하인 경우만 기본 공제를 받을 수 있다.

어머니가 연금 저축으로 연간 1,500만 원을 받고 있는데 기본 공제를 받을 수 있을까?

사적 연금 소득은 연 1,200만 원을 초과하는 경우 종합과세 또는 분리과세 대상에 해당한다. 그러므로 연금 소득 금액(총연금액 1,200만 원 – 연금 소득 공제 590만 원 = 610만 원)이 100만 원을 초과하기 때문에 기본 공제를 받을 수 없다. 참고로 종합과세 대상자에서 제외되려면 연금 저축계좌의 연금 수령 기간을 늘려서 연간 1,200만 원 내에서 수령하는 방법이 있다.

13월의 월급을 더 많이
받고 싶은 맞벌이 부부입니다

연말 정산 환급을
많이 받는 방법 4가지

　A씨 부부는 두 사람 모두 총급여 500만 원을 초과하는 회사원이다. 연말 정산을 하다 보면 각종 소득 공제 항목 중 부양가족에 따라 공제받는 항목이 다르다. 항목별 공제 가능 여부가 궁금하고, 세금 환급을 많이 받고 싶다. 합리적으로 세금을 환급받을 수 있는 가장 쉬운 방법을 4가지로 요약해보았다.

부모 인적 공제

　부모(배우자의 부모 포함)를 인적 공제에서 선점한다. 형제, 자매(배우자의 형제, 자매 포함) 등도 주민등록지에 같이 거주하면 인적 공제가 가능하다. 부양가족은 인원수가 많으면 많을수록 종합소득과세표준금액이 낮아져서 세율도 낮아지는 효과가 있으니 꼭 챙겨야 한다.

연말 정산간소화시스템 미리 해보기

국세청 홈택스(www.hometax.go.kr)에서 자동으로 금액을 산출하여 편리하게 정산에 필요한 자료들을 확인할 수 있다. 연말 정산을 미리 해봄으로써 부부가 의료비, 기부금, 신용카드 등 공제항목들을 비교하면서 세금 환급을 늘릴 수 있는 방법을 알아보는 것을 추천한다.

소득 공제 및 세액 공제 상품 가입하기

연말 정산을 하려고 하면 꼭 소득 공제 및 세액 공제 상품(연금 저축 등)을 챙겨보게 된다. 사회초년생일 때는 연봉이 많지 않아 세율도 낮고 납부하는 세금도 많지 않아서 필요성을 느끼지 못하지만 40대, 50대가 되면 납부하는 세금도 많고 향후 노후를 위한 자금도 필요하므로 소득 공제 및 세액 공제 상품을 찾아보게 된다. 이때 불입한 상품들의 소득 공제나 세액 공제를 적용해주는 금액 한도 내에서 가입하는 게 좋다.

맞벌이 부부라면 놓치지 말아야 할 것

부부 중 공제 항목은 소득이 높은 배우자에게 무조건 몰아주지 말고 1년에 2회 정도는 연말 정산을 미리 해보자. 상반기 6월에 실시하여 환급금액 및 소득 공제 항목에 좀 더 사용할 항목이 있는지 확인해보고 12월까지 아직 6개월이라는 시간적 여유가 있으니 어느 한쪽으로 공제 항목을 몰아서 연말 정산을 할 수 있도록 부부 스스로 판단하여 좀 더 많은 세금을 돌려받아보자. 부부 가운데 소득이 낮은 배우자가 의료비의 세액 공제와 신용카드의 소득 공제에 유리하다.

공제항목	맞벌이 배우자	배우자 외 부양가족
기본 공제 및 추가 공제	서로에 대해 공제 불가	부부 중 1인이 공제 가능
자녀 세액 공제	–	기본 공제받은근로자
보험료 세액 공제	기본 공제 대상 아닌 자에 대한 부담액 공제 불가	기본 공제받은 근로자 부담액 공제 가능
의료비 세액 공제	배우자를 위한 의료비지출액 공제 가능	〃
교육비 세액 공제	공제 불가	〃
기부금 세액 공제	공제 불가	〃
신용카드 소득 공제	공제 불가(카드사용자 기준)	〃

맞벌이 부부 연말 정산, 어떻게 인적 공제를 받아야 유리할까?

연말 정산 인적 공제 비교해보기

A씨는 연간 7,000만 원의 소득이 있으며 배우자는 연간 3,500만 원의 소득이 있다. 자녀 2명(초등학생, 중학생), 부모(만 60세, 만 62세)를 부양가족으로 인적 공제를 받아 연말 정산을 하려고 한다. A씨 부부는 부양가족의 인적 공제를 어떻게 해야 보다 더 많은 세금을 환급받을 수 있을까?

본인, 배우자, 자녀2, 부모 각각 150만 원 기본 공제 가능함
B씨 연말 정산 세율 24%, 배우자 연말 정산 세율 15%

A씨 부부처럼 총급여 차이가 많이 나는 경우에는 소득이 많은 쪽에 인적 공제 몰아주면 54만 원의 절세 효과가 있다.

※부부 모두 근로소득만 발생하는 거주자들이기에 근로소득에 따라 차등 적용되는 근로소득 공제, 근로 세액 공제와 균등 적용되는 표준 세액 공제는 계산 편의상 생략했다.

■ 소득이 많은 쪽에 인적 공제를 몰아준 경우

구분	남편	부인
총급여	7,000만 원	3,500만 원
인적 공제	750만 원	150만 원
세율	24%	15%
세 부담 합계	757만 원	

■ 소득이 적은 쪽에 인적 공제를 몰아준 경우

구분	남편	부인
총급여	7,000만 원	3,500만 원
인적 공제	150만 원	750만 원
세율	24%	15%
세 부담 합계	703만 원	

맞벌이 부부 연말 정산,
어떻게 의료비 공제를 받아야
유리할까?

연말 정산 의료비 공제
비교해보기

A씨는 연간 7,000만 원의 소득이 있으며 배우자는 연간 3,500만 원의 소득이 있다. 가족은 본인 및 배우자와 자녀 2명(초등학생, 중학생), 부모님(만60세, 만62세)이다. 자녀의 1년간 의료비 사용액은 350만 원이다.

자녀 의료비 공제

A씨 부부의 경우, 자녀의 의료비 세액 공제는 소득이 적은 배우자에게 몰아주면 15만 7,000원의 절세 효과를 볼 수 있다.

※의료비 세액 공제는 총급여액의 3% 초과분이다.

구분	남편	부인
총급여	7,000만 원	3,500만 원
최소 사용 기준	7,000만 원 × 3% = 210만 원	3,500만 원 × 3% = 105만 원
의료비 공제액	(350만 원 − 210만 원) × 15% = 21만 원	(350만 원 − 105만 원) × 15%=36만7천원

인적 공제

A씨 부부의 경우, 소득이 낮은 배우자가 자녀 기본 공제와 자녀 의료비 공제를 받고 나머지 부양가족은 소득이 높은 배우자에게 몰아주면 32만 원의 절세 효과를 볼 수 있다.

※부부 모두 근로소득만 발생하는 거주자들이기에 근로소득에 따라 차등 적용되는 근로소득 공제, 근로 세액 공제와 균등 적용되는 표준 세액 공제는 계산 편의상 생략했다.

■ 소득이 많은 쪽에 모든 공제 항목을 몰아준 경우

구분	남편	부인
총급여	7,000만 원	3,500
인적 공제	750만 원	150만 원
세율	24%	15%
세 부담 합계	943만 원	

■ 소득이 적은 쪽이 자녀 기본 공제, 소득이 많은 쪽이 부양가족 공제

구분	남편	부인
총급여	7,000만 원	3,500
인적 공제	500만 원	300만 원
세율	24%	15%
세 부담 합계	911만 원	

외벌이 가장의
슬기로운 절세 생활

연말 정산 노하우와
퇴직 후 절세 방안

K씨는 현재 53세로서 외벌이이며 부양가족으로 배우자와 모친 그리고 현재 암으로 투병중인 부친과 대학생 자녀 둘이 있다. 1년 후 퇴직 예정이라 마지막 연말 정산을 잘 받고 싶고, 퇴직 후에도 절세할 방법이 궁금하다.

신용카드 대금

신용카드 중 일부를 체크카드로 사용하면 연말 정산 혜택을 더 받을 수 있다. 대부분 알고 있지만 실천하지 못하는 것은 체크카드가 통장 잔액 내에서 인출되어 그만큼 여유가 없기 때문이 아닐

166

까. 하지만 한 달만 목돈을 넣어 이 점을 해결하면 그다음 달부터는 체크카드를 사용하는 데 문제가 없다. 체크카드를 사용하면 연말 정산에 30% 공제율이 적용되어 더 많은 공제를 받을 수 있다.

K씨도 신용카드는 총급여의 25%인 2,250만 원 사용하고 나머지는 체크카드를 활용하면 연말 정산 환급을 더 받을 수 있다. 추가로 대중교통, 전통시장, 대학생 자녀들의 도서공연비 항목 등도 챙겨서 더 많은 소득 공제를 받도록 하자.

오피스텔 월세와 자녀 등록금

자가를 소유하고 있으므로 연말 소득 공제 항목에서 제외된다.

교육비는 15% 세액 공제가 가능한데 초·중·고는 1명당 한도 300만 원, 대학생은 1명당 한도 900만 원까지 가능하며 유학 중인 대학생 자녀의 학비도 인가된 학교라면 900만 원 한도로 세액 공제가 가능하다.

IRP(개인형 퇴직 연금)

연금 저축 납입액은 연간 한도 600만 원까지 가능하고 IRP와 합산하여 연간 한도 900만 원까지 가능하다. K씨가 900만 원 불입하면 12% 세액 공제가 가능해 최고 108만 원을 돌려받을 수 있다.

추가적으로 ISA(개인형종합자산관리계좌)를 보유하고 있다면 만기 시 만기 자금을 그대로 IRP에 불입하면 불입한 금액의

10%(300만 원한도)까지 추가 공제가 가능하다. 또 퇴직금을 IRP계좌에 입금하여 연금으로 수령한다면 최대 40%까지 세금을 절감할 수 있다.

암환자 부친 소득 공제 추가 내용

K씨의 부친은 암 치료를 받고 있다. 이런 경우 암, 치매, 중풍, 난치성 질환, 정신병, 국가유공자 등에 해당되는 중증 환자 장애인 공제가 가능하다. 연말 정산 시 진단서를 제출하여 공제를 받도록 한다.

📈 알뜰살뜰 솔루션

■ (사례 : 본인 53세, 자가, 부양가족 5명 연봉 9,000만 원)

상담 전

지출 항목	연간 지출 금액
신용카드	3,600만 원
오피스텔 월세	840만 원
둘째 등록금	720만 원
첫째 유학 학비	480만 원
IRP	420만 원
합계	6,060만 원

상담 후

지출 항목	지출 금액	연말 정산 혜택
신용카드	2,250만 원	신용카드 15%, 체크카드 30%
체크카드	1,350만 원	
오피스텔 월세	840만 원	해당 없음(유주택자)
자녀 학자금	1,200만 원	대학생 900만 원까지 가능
IRP	900만 원	−
합계	6,540만 원	−

Q

사회초년생의
슬기로운 절세 생활

20대 직장인의
연말 정산 노하우

사회초년생 A씨는 직장생활을 하는 부모님과 거주하고 있다가 취직과 동시에 독립해 살고 있다. A씨는 이번 년도에 똑똑한 절세 생활로 연말 정산을 잘하고 싶다. 왜냐하면 입사 첫해 멋모르고 연말 정산을 했는데 80만 원의 세금을 더 납부해야 했기 때문이다. 이번 년도의 연말 정산에는 꼭 환급을 받을 생각으로 신용카드도 많이 사용하고 있는데 과연 잘하고 있는 건지 고민이다.

신용카드 대금
신용카드 대금 중 총급여의 25%인 900만 원은 기존대로 사용하고 나머지 초과되는 부분은 체크카드를 사용하여 소득 공제율을 15%에서 30%로 높인다. 또한 소비를 많이 해서 소득 공제를 많이 받는 것은 배보다 배꼽이 더 큰 격이니 다른 절세 방안을 시도하는 것이 낫다.

보장성 보험, 변액 보험, 정기 적금, 여유 자금

보장성 보험은 한도 100만 원까지 세액 공제가 가능하다. A씨의 보장성 보험은 불입자는 본인이지만 계약자가 아버지로 되어 있으니 본인으로 변경하자.

변액 보험은 상품 유형이 비슷하면서 연말 정산 혜택이 있는 연금 저축 펀드 400만 원으로 변경하는 것을 추천한다. 다만 변경 전에 기존 변액 보험의 해지 환급금을 확인하자. 만약 해지 수수료나 환급율이 낮다면 가장 낮은 불입액으로 감액하고 남은 차액을 연금 저축 펀드로 가입하길 권한다. 또한 연금 저축 보험도 납입액의 15% 세액 공제 가능하다.

A씨가 20대인 만큼 적금으로만 목돈을 마련하기보다는 '100 − 나이'의 법칙으로 투자해보자. 다만 처음 투자 상품은 좀 더 보수적으로 운용하여 60%는 적금, 40%는 적립식 펀드 상품으로 운용하는 것을 추천한다.

주택 청약 종합저축

주택 청약 종합저축은 무주택 세대주인 경우 연말 정산이 가능하다. 납입 금액의 40%(최대 96만 원)까지 소득 공제가 가능하므로 연간 240만 원을 주택 청약 종합저축으로 변경하는 것을 추천한다. 또한 장기간 꾸준히 납입하면 주택을 청약할 수 있는 기회도 부여받을 수 있어서 사회초년생들이 가입해야 할 필수 금융 상품이기도 하다.

월세

월세액 세액 공제는 '총급여 7,000만 원 이하&무주택&세대주'이면 15%, '총급여 5,000만 원 이하&무주택&세대주'이면 17%의 혜택이 있다. 또한 85m^2 이하주택임차자이며 임대차 계약서 주소지와 주민등록등본 주소지가 동일해야 한다. 월세액은 연간 750만 원 한도 내에서 세액 공제 가능하다.

하지만 요건에 해당되지 않는 경우라면 현금영수증 신고를 하여 '신용카드 등 사용액'에 포함되는 소득 공제 자료로 활용하는 것도 좋은 방법이다. 단 월세액 세액 공제와 현금영수증 소득 공제는 중복 공제가 되지 않는다.

📈 알뜰살뜰 솔루션

[2021년 취업, 미혼, 월급여 300만 원, 2022년 1월 80만 원 세금 더 추징당함, 부모님과 거주 하다 2022년 초 독립, 아버지 현재 직장생활 중]

상담 전   연간기준

항목	금액
신용카드	1,440만 원
보장성 보험(계약자=부)	100만 원
변액 보험	240만 원
정기 적금	1,560만 원
월세	240만 원
여유 자금	20만 원
합계	3,600만 원

상담 후

항목	금액	연말 정산 혜택
신용카드	900만 원	신용카드 15%, 체크카드 30%
체크카드	540만 원	계약자 변경
보장성 보험(계약자 : A씨)	100만 원	–
연금 저축펀드	400만 원	–
적금	700만 원	–
펀드	480만 원	–
월세	240만 원	–
주택 청약 종합저축	240만 원	–
합계	3,600만 원	–

생활 체감 물가 폭등 시대의
재테크가 궁금해요!

우대금리보다
절세와 절약이 핵심이다

    15년차 주부 N씨는 요즘 적금 통장을 들여다보면 한숨만 나온다. 남편 월급을 쪼개고 쪼개 주택담보대출 원리금, 생활비, 자녀 학원비를 빼고 남은 돈을 꼬박꼬박 은행에 저축해 왔다. 월 20만 원씩 새로 가입한 적금(3년 만기, 원금 720만 원) 금리는 연 3.2%이다. 만기에 세금(15.4%)을 떼고 나면 손에 들어오는 돈은 고작 750만 원이다. N씨는 "3년 동안 죽어라 저축해도 이자가 애들 한 달 학원비도 안 되는 30만 원에 불과하다. 그렇다고 주식을 넘보자니 그나마 간신히 모은 원금을 날릴까 봐 겁나서 못 한다."라고 푸념했다.

실질 금리(명목 금리에서 세금과 물가 상승분을 뺀 수치) 마이너스 시대에 직격탄을 맞은 사람은 서민과 은퇴 생활자들이다. 예금·적금에 의존하는 서민에게 기준금리 3.5%대 시대는 '재테크 암흑기'와 마찬가지다. 주식이나 부동산은 '겁나서' 못 하겠다는 소시민들에게도 마찬가지다. 그래도 돌파구는 있다.

우선 우대금리 0.1% 포인트보다 절세 및 절약이 재테크 철칙 0순위라는 사실을 명심하자. 절세는 '리스크를 동반하지 않는 최상의 재테크 수단'으로 불린다. 매월 여유 자금은 무조건 비과세 종합 저축, 연금 저축, ISA(개인종합자산관리계좌), 주택 청약 저축, 비과세 보험 등에 가입해야 한다. 비과세나 소득 공제 혜택을 받아 수령하는 이자를 고려한다면 일반 예금·적금보다 연 1~연2% 금리가 높다고 할 수 있다.

신용대출이나 담보대출을 이용 중이라면 거래 은행과 다른 은행의 금리를 비교해보고 저렴한 금리를 제공하는 은행으로 갈아타야 한다. 금융 상품 가입도 은행이나 증권사 창구 대신 인터넷을 이용하면 보다 더 저렴한 수수료를 적용 받을 수 있다.

보험 상품 리모델링도 필요하다. 전문가가 권하는 가장 이상적인 보험 포트폴리오는 실손 보험 1개(월 3만~4만 원), 암 보험 1개(월 4만~5만 원), 연금 저축 보험 1개(월 50만 원 안팎)이다. 보장이 중복되거나 불필요한 특약으로 비싼 보험료를 내고 있지 않은지 점검해보자. 꼭 필요한 상품으로만 구조 조정을 하여 급여의 10%

내에서 납부하는 것이 현명하다.

변액 저축 보험은 투자와 절세를 동시에 만족하는 최적의 과세 이연 상품으로 판매되고 있다. 보험 가입 기간 동안 긴급자금이 필요하면 투자 수익은 두고 원금을 찾아서 사용하다가 여유 자금이 생기면 추가 납입하는 방식으로 과세 이연을 통한 절세가 가능하다. 보험 가입 기간은 종신으로 평생 수수료 없이 자유롭게 입출금하며 합법적인 절세 통장으로 활용할 수 있는 절세금고에 적격인 상품이다. 피보험자가 사망하면 지급하는 사망보험금(적립금+보험료의 10%)은 보험 차익으로 보지 않아 이자 소득세가 부과되지 않는다.

30대 후반~40대 초반의 전세 거주자라면 금리 인상으로 부동산 매매가 저조하므로 시장 흐름을 주시해보자. 원하는 지역의 주택을 선정하여 가격을 지속적으로 체크하면서 구입을 위한 자금 마련에 관심을 가져야 한다. 대출 금리가 올라간 만큼 전세 자금을 올려야 한다면 반전세(전세+월세)나 월세로의 전환도 고려해보면 좋을 듯하다.

재테크 팁

- 대출금리를 비교해 낮은 금융기관으로 갈아타기
- 중복된 보험 구조 조정하기
- 전세금 올리는 경우 반전세나 월세를 은행 이자와 비교 후 선택하기
- 금융 상품 가입은 금리가 상대적으로 높고 수수료가 저렴한 인터넷으로 하기
- 월급통장은 CMA나 MMF로 바꾸기
- 우대금리 쇼핑보다는 절세 상품 우선 가입하기
- 예금·적금만 말고 상대적으로 중위험인 적립식 펀드·비과세 보험에도 관심 두기

주요 절세 금융 상품

- 비과세 종합저축(만 65세 이상 가입 가능, 한도 5,000만 원)
- 연금 저축, IRP (최대 900만 원까지 세액 공제)
- ISA 개인종합자산관리계좌(200만 원까지 비과세)
- 주택 청약 저축(연간 납입액 240만 원 한도 40% 소득 공제)

PART

2

장기적으로
가장 효과적인
재테크, 펀드

CHAPTER 1

펀드는
투자
성향대로

성격은 MBTI를,
펀드는 투자 성향을
참고해볼까?

　사람들은 자신의 성격 유형이 궁금할 때 MBTI 검사를 해본다. 내게 맞는 펀드가 궁금할 때 투자 성향을 분석할 수 있다. 나는 위험을 얼마나 감수할 수 있고 수익을 얼마나 기대하는지, 투자 경험이나 이해도는 얼마나 되는지 등 투자 적성 검사를 해보고 내 성향에 맞는 투자 상품을 찾는 것이다.

　투자 성향 분석은 통상적으로 금융기관에서 할 수 있는데, 등급 구별은 금융기관마다 약간의 차이가 있다. 통상 공격적인 투자 성향을 1등급으로 해서 더 안정적인 투자 성향 순으로 5등급까지 선정한다. 펀드 투자를 할 때는 성향과 맞는 위험 등급의 펀드에 가입하는 것이 좋다. 수익을 얻는 것도 좋지만 위험성을 감당 못해 늘 불안에 떠는 것은 안 될 일이다.

펀드는 안전성과 수익성을 기준으로 위험 등급이 나뉜다. 펀드의 이름으로 주식과 채권의 비중을 알 수 있다. 채권형은 가격 변화가 적은 편이라 비교적 안정성이 높고 위험 등급이 낮은 편이고, 주식형은 주식 비중이 높아 가격 변동이 심해서 위험 등급이 높은 편이다. 만약 내가 안정성을 중시한다면 가격 변동 폭이 적은 채권형 펀드에 많은 투자를 하고 위험해도 수익성이 높은 것이 좋으면 가격 변동이 큰 주식형 펀드에 투자하는 것이다.

펀드는 운용사 홈페이지나 펀드 비교 사이트에서 이전 기간의 운용 성과가 어떤지 알아볼 수 있으니 투자 전에 꼼꼼히 찾아보는 것이 좋다. 투자는 내 투자 성향에 맞는 상품을 잘 골라서 시간이 주는 효과를 톡톡히 얻어가는 것이 현명한 방법이다.

■ 투자 성향별 투자가능 펀드

유형	내용	투자가능펀드
공격 투자형	시장 평균 수익률을 훨씬 넘어서는 높은 수준의 투자수익을 추구하며 이를 위해 자산 가치의 변동에 따른 손실 위험을 적극 수용한다. 투자자금 대부분을 주식, 주식형 펀드, 파생상품 등의 위험 자산에 투자할 의향이 있다.	모든 등급 펀드
적극 투자형	투자 원금의 보전보다는 위험을 감내하더라도 높은 수준의 투자 수익 실현을 추구한다. 투자자금의 상당 부분을 주식, 주식형 펀드, 파생상품 등의 위험 자산에 투자할 의향이 있다.	3등급~6등급 펀드 (채권, 채권혼합형, 주식 혼합형)
위험 중립형	투자에는 그에 상응하는 투자 위험이 있음을 충분히 인식하고 있으며, 예금 · 적금보다는 높은 수익을 기대할 수 있다면 일정 수준의 손실 위험을 감수할 의향이 있다.	4등급~6등급 펀드 (채권, 채권혼합형) 공모주, 롱숏
안정 추구형	투자 원금의 손실 위험은 최소화하고, 이자 소득이나 배당 소득 수준의 안정적인 투자를 목표로 한다. 다만 수익을 단기적인 손실로 수용할 수 있으며, 예금 · 적금보다 높은 수익률 위해 자산 중 일부를 변동성 높은 상품에 투자할 의향이 있다.	5등급~6등급 펀드 (채권, 채권혼합형)
안정형	예금 또는 적금 수준의 수익률을 기대하며, 투자 원금에 손실이 발생하는 것을 원하지 않는다.	6등급 펀드 (채권형 상품)

돈 계획에
펀드는
빠질 수 없잖아요?

2022년 상반기 미국 중앙은행의 금리 인상이 시작되면서 한국 또한 기준금리를 인상하였다. 글로벌 대표지수들이 하락하면서 보유하고 있던 투자 상품들이 손실이 나기 시작하고 기준금리 상승에 따른 원금 보장형 상품 금리가 연 5% 이상으로 상승하면서 예금·적금 가입자가 증가하기는 했다. 하지만 2023년 현재 금리는 4%대로, 미국의 물가지수가 안정화가 되면 기준금리는 다시 내릴 수 있는 여지가 충분히 존재한다.

현재의 시장에서 주식, ETF보다는 좀 더 안정적인 펀드에 관심을 가질 필요가 있다. 변동성이 큰 시장에서 직접적인 투자보다는 간접투자를 통해 안정성과 수익성을 함께 취할 수 있기 때문이다. 금융소비자 보호 때문에 펀드 가입 절차가 복잡해져서 상품 가입자가 눈에 띄게 줄어 들었지만 여전히 은행의 펀드 상품은 투자 상품군의 포트폴리오에 꼭 가입해야 할 상품이라고 여긴다. 펀드 상품에 대해 종류부터 활용법까지 하나씩 상세하게 소개하고자 한다.

펀드의 특징과 장단점

개개인이 금융시장의 흐름을 파악한 뒤 직접 투자에 나서 성공하기란 쉽지 않다. 특히 요즘처럼 변동성이 많은 시장에서 전문가의 도움을 받는 것이 더 나을 수 있다. 전문가의 손길로 알아서 투자해주는 것이 바로 펀드다. 펀드는 다수의 투자자로부터 자금을 모아 주식, 채권과 같은 유가증권이나 부동산, 금, 선박, 비행기 같은 실물자산에 전문가가 대신 투자해주는 금융 상품을 말한다. 펀드는 직접투자가 아닌 간접투자 방식으로 다양한 자산군에 분산투자하기 때문에 위험이 분산된다.

펀드사가 투자를 대신해주는 만큼 고객은 보수와 수수료를 지불해야 한다. 보수는 펀드 운용·판매·관리 등에 필요한 비용을 매년 지불하는 것으로 펀드 평가금액의 1~2% 수준이다. 수수료에는 선취 수수료, 후취 수수료, 환매 수수료가 있다. 선취 수수료는 가입할 때 원금에서 일정 금액을 차감하고 나머지 금액이 펀드에 투자된다. 후취 수수료는 환매할 때 원금과 수익금을 합친 금액에서 차감하고 나머지 금액을 찾는다. 1년 이내의 단기 거치식·적립식 펀드는 후취 수수료가 유리하며, 1년 이상 장기 적립식 펀드는 선취 수수료가 유리하다. 환매 수수료는 펀드의 최소 가입기간 이전에 가입자 사정으로 투자금액을 찾고자 할 때 부과되는 수수료다. 수수료나 보수를 절약하려면 인터넷이나 모바일을 이용하면 된다. 객장에서 가입하는 것보다 0.5% 이상 수수료를 줄일 수 있다.

펀드의 단점은 투자 상품인 만큼 원금에 손실이 생길 수 있다는 것이다. 원금 손실률은 펀드마다 포함된 위험 자산의 비율에 따라 다르다. 반면 매매차익 중 배당이익에 대해서만 과세되기 때문에 예금·적금보다 세금으로 차감하는 금액이 적은 것은 장점이다.

다양한 유형의 펀드

펀드는 크게 주식형, 채권형, 혼합형으로 나뉜다. 주식형 펀드는 주식에 60% 이상 투자하는 유형으로, 위험을 감수하고서라도 높은 수익을 원하는 적극적인 투자 성향을 지닌 사람에게 적당하다. 채권형 펀드는 정부나 회사에서 발행하는 채권에 60% 이상 투자하는 것으로, '정기 예금+알파'의 수익을 원하는 사람에게 적당하다. 50대 이상 고령층이라면 안정적인 채권형 펀드를 택하는 것이 좋다. 혼합형 펀드는 주식과 채권이 혼합되어 있는 유형이다. 주식형 펀드는 부담스럽고 채권형 펀드에 만족하지 못하는 사람이라면 혼합형 펀드에 관심을 가져보자.

주식형은 다시 성장형, 가치형, 배당형 등으로, 채권형은 MMF, 국공채, 회사채 등으로, 혼합형은 채권혼합형, 주식혼합형으로 세분화된다. 한 유형의 상품에만 집중하지 말고 다양한 유형을 선택해 포트폴리오를 꾸리는 것이 좋다. 그편이 위험을 분산시킬 수 있기 때문이다. 예를 들어 50만 원으로 펀드에 가입한다면 주식형 30만 원, 채권형 10만 원, 혼합형 10만 원 등으로 나누는 것이다.

펀드 투자할 때의 주의할 점

인기가 많은 펀드에 한꺼번에 자금을 몰아서 투자하면 안 된다. 흔히 시장에서 말하는 '꼭지(수익률이 가장 높은 시점)'에 가입하면 수익보다는 손실을 보는 경우가 허다하기 때문이다.

또 환매시점을 잘 판단해야 한다. 펀드 가격이 올랐다고 해서 수익이 바로 나는 것이 아니다. 환매라는 절차를 밟아 내 호주머니에 현금이 들어와야만 수익이 된다. 너무 욕심 부리지 말고 수익률이 적당할 때 환매하는 것이 현명하다.

좀 더 높은 수익을 원한다면 기간과 금액을 분산하는 것이 좋다. 적립식으로 3~5년 매월 일정금액을 불입할 때 가장 효과가 크다. 단, 적립식 펀드는 환매시점의 주가가 수익을 결정하므로 주가지수 흐름을 꼭 확인해야 한다.

CHAPTER 2

펀드,
좀 더
알아볼까

펀드 가입은
어떻게
해야 할까?

　은행이나 증권사의 창구 직원이 추천하는 펀드에 무턱대고 가입해도 괜찮을까? 온라인으로 펀드에 가입하는 건 어떨까? 주식이나 ETF보다는 좀 더 안정적으로 예금·적금보다 높은 수익을 올릴 수 있을 거라는 생각으로 펀드에 가입하려고 여기저기 기웃거려보지만, 어디서 어떻게 가입해야 할지 결정하기가 쉽지 않다. 펀드 투자 초보자라면 가입 방법부터 기준 가격까지 기초적인 내용을 알아서 투자해보면 좋을 듯하다.

펀드 판매와 운용은 어디서 할까?

펀드에 가입할 땐 판매회사와 수탁회사 및 자산운용회사의 차이를 알아둬야 한다. 보통 펀드 가입은 은행, 증권사, 보험사에서 하는데, 이들은 말 그대로 판매회사다. 이들 펀드의 차이는 운용 기간이다. 은행과 증권사에서 판매하는 펀드는 운용 기간이 2~3년으로 보험사에 비해 짧다. 반면 보험사의 펀드는 '변액 보험'이라 불리며, 10년 이상 장기 투자를 해야 수익이 난다. 따라서 보험사의 펀드에 가입할 땐 장기 자금을, 은행이나 증권사를 이용할 땐 중기 자금을 활용하는 것이 좋다.

펀드에 가입하며 판매회사에 맡긴 돈은 수탁회사가 보관한다. 수탁회사는 자산운용회사의 지시에 따라 주식, 채권, 부동산 등을 사고파는 역할을 한다. 자산운용회사는 펀드를 만들고 어디에 얼마만큼 투자할지 결정해 수탁회사에 지시를 내린다.

다시 말해 판매회사에서 펀드에 가입하면, 판매회사는 수탁회사로 돈을 보내고, 자산운용회사는 어디에 투자할지 정해서 수탁회사에 지시를 내리는 것이다. 결론적으로 자산운용회사의 투자 결정에 따라 투자자의 수익률이 결정된다고 할 수 있다.

요즘은 은행 영업점을 방문하는 일 없이 온라인으로도 대부분 펀드 가입이 가능하다. 은행이나 증권사의 인터넷 뱅킹, 모바일 뱅킹을 이용하거나, 여러 펀드를 모아서 판매하는 '펀드슈퍼마켓' 같은 곳을 활용하면 된다. 온라인 가입은 수수료가 저렴하고 다양한 펀드를 한눈에 비교할 수 있는 게 장점이다. 펀드에 대한 정보가 많고 시장 상황에 대한 분석이 스스로 가능하다면 온라인으로 가입하는 것도 좋다. 그러나 펀드에 대해 잘 모른다면 영업점에서 전문성을 갖춘 직원의 도움을 받는 게 낫다.

펀드 가입 전 해야 할 일

금융기관에서 펀드를 가입하려고 상품을 찾다 보면 너무 많아서 어떤 펀드에 가입해야 할지 고민이 될 수 있다. 자신에게 맞는 펀드를 찾으려면 먼저 자신의 투자 성향을 알아야 한다. 원금의 손실이 적은 안정적인 투자를 원하는지, 원금을 다소 잃더라도 공격적인 투자를 원하는지 파악해야 하는 것이다.

펀드에 가입할 땐 투자 성향에 대한 분석을 의무적으로 하도록 규정되어 있다. 투자 성향을 묻는 설문을 작성해야 하며, 설문 결과에 따라 각 유형별로 가입이 가능한 펀드의 위험 등급이 정해지는데, 금융회사에서는 투자자의 성향보다 위험도가 높은 등급의 투자 상품은 권유할 수 없다. 따라서 자신의 투자 성향에 맞는 펀드의 종류를 파악하고 각각의 장단점을 따져본 뒤 가입하는 것이 좋다.

기준 가격과 평가금액

펀드를 거래할 때에는 '좌(座)'라는 단위를 사용한다. 주식시장에서 '주(株)'라는 단위를 사용하는 것과 비슷하다. 고객이 펀드에 가입하면 수익증권이라는 증서를 구입하게 되는데, 수익증권의 단위를 '좌수'로 표시한다.

기준 가격은 펀드를 사고팔 때 기준이 되는 가격을 말한다. 일반적으로 수익증권의 기준 가격은 1,000좌 단위로 표시한다. 최초 설정일을 기준으로 1,000좌당 1,000원으로 계산되며, 운용 성과에 따라 매일 변동된다. 기준 가격이 변하면 자신이 매수한 잔고좌수도 달라진다. 당일의 기준 가격에 잔고좌수를 곱한 뒤 1,000으로 나누면 평가금액(세금 상당액 공제)이 되는데, 이는 펀드에 가입한 금액의 현재 가치를 의미한다.

예를 들어 펀드 최초 설정일에 1,000만 원을 입금한 투자자는 1,000만좌의 수익증권을 매수하게 된다. 그리고 한 달 뒤 기준 가격이 1100원이 됐다면 평가금액은 1100만 원으로, 1,000만 원에 대한 투자수익이 100만 원 발생한 것과 같다. 이때 수익률은 10%가 된다. 반대로 기준 가격이 900원이 됐다면 원금이 100만 원 손실돼 900만 원만 남았다는 얘기다.

기준 가격, 잔고좌수, 평가금액, 수익률을 살펴보면 자신의 펀드가 어떻게 운용되고 있는지를 파악할 수 있다.

■ 펀드 위험 등급

등급	위험도	상품 예시
1	매우 높음	레버리지 펀드, 원금 비보존형 ELF(DLF)
2	높음	국내 및 해외 주식형, 파생형, 인덱스형, 주식 혼합형, 원금 비보존형 ELF(DLF)
3	다소 높음	
4	보통	채권(혼합)형, 원금 부분 보존 추구형 ELF(DLF)
5	낮음	채권형, 원금 보존 추구형 ELF(DLF)
6	매우 낮음	국공채형, MMF

■ 투자 성향별 가입 가능 펀드

투자 성향	등급
공격 투자형	모든 등급
적극 투자형	3, 4, 5, 6 등급
위험 중립형	4, 5, 6 등급
안정 추구형	5, 6 등급
안정형	6 등급

펀드 수익률
분석 방법은?

코로나 이후 2년 동안 코스피(KOSPI)는 연일 고공행진을 했지만 2022년 들어 미국의 기준금리 인상으로 투자자들의 즐거운 표정은 사라지고 있다. 시장은 상승과 하락을 반복하는 원리가 있다. 하락한 코스피는 다시 상승하는 시기가 올 것이다. 하지만 과연 코스피가 오른다고 갖고 있는 펀드의 수익률도 함께 상승할까? 펀드는 예금과 달리 평가금액이 날마다 달라진다. 매번 달라지는 펀드의 수익률은 어떻게 산정되는 걸까? 가입한 펀드의 수익률을 챙겨보지 않아도 쉽게 확인할 수 있는 방법은 없을까?

다양한 수익률 개념

은행이나 증권사가 온라인에서 판매하는 펀드에는 대부분 단순수익률이 표시되어 있다. 직접 영업점에 방문해 수익률을 문의하면 상담 직원은 환산수익률, 실현수익률, 예상수익률, 총수익률, 누적수익률 등 다양한 수익률을 제시해준다. 각 수익률의 뜻은 어떻게 다르고, 어떤 수익률을 유심히 살펴봐야 할지 간단히 정리해보았다.

우선 단순수익률은 남아 있는 원금잔액 대비 수익금의 비율을 말한다. 통상적으로 말하는 수익률은 단순수익률이다. 환산수익률은 단순수익률을 연간으로 환산한 것이다. 실현수익률은 일부 지급(출금)된 건마다 실제로 실현된 수익률을 말한다. 예상수익률은 남아 있는 원금잔액의 수익금에 대한 비율로, 확정되지 않은 예상치이다. 총수익률은 계좌 개설일부터 기준일까지 입금된 총액과 출금된 총액을 고려한 전체적인 수익률을 의미한다. 총수익률은 실현수익률과 예상수익률을 합한 것이라 할 수 있다. 누적수익률은 총수익률과 비슷한 개념으로, 펀드 가입시점부터 현재까지의 수익률 누적 현황을 나타낸다.

일반적으로 수익률을 따질 땐 단순수익률과 환산수익률을 주로 본다. 금융 전문가가 아니더라도 용어의 뜻이 쉽게 이해되기 때문이다. 보다 더 꼼꼼하게 분석하려면 다양한 수익률을 함께 살펴보자.

수익률 분석

펀드 수익률은 보통 1개월, 3개월, 6개월, 1년 등 기간별로 나타낸다. 우선 기간별 수익률이 어떤 의미를 갖는지 알아야 한다. 3개월 수익률이 높은 펀드와 1년 수익률이 높은 펀드 중 어느 펀드를 고르는 것이 좋을까?

어떤 펀드가 더 낫다고 딱 잘라 말할 수는 없다. 다만 3개월 수익률이 높은 펀드는 단기 시장의 흐름을 적용받아 상승한 펀드로 지속적인 관찰이 필요하며, 1년 수익률이 높은 펀드는 중기 시장의 흐름에 영향을 받아 당분간은 수익률이 유지될 수 있다는 분석이 가능하다.

여기서 반드시 기억해야 할 점은 수치나 그래프로 표시되는 수익률은 과거의 수익률일 뿐이라는 사실이다. 계속 오르던 수익률도 펀드에 가입하고 나면 곧바로 떨어질 수 있다. 과거의 수익률 자료는 펀드를 선택할 때 참고할 수는 있지만 절대적인 기준이 될 수는 없다. 수익률만을 기준으로 펀드를 선택하려는 것은 위험한 발상이다.

따라서 단순히 수익률의 높고 낮음만을 볼 것이 아니라, 수익률이 높은 이유를 따져봐야 한다. 주가 상승이나 채권시장의 호황 등에 따른 것인지, 펀드 자산의 규모나 운용 방식에 따른 것인지, 펀드매니저의 교체 등에서 비롯된 것인지를 분석해봐야 한다.

펀드수익률을 다양한 구간으로 잘라서 보는 것도 요령이다. 6

개월이나 1년 단위의 수익률은 전체적인 성과는 볼 수 있지만, 상황에 따라 어떤 변화가 있었는지를 파악하기는 쉽지 않다. 월별로 수익률을 잘라서 보거나, 가장 수익률이 높았던 때와 낮았던 때를 시장 상황과 비교해 살펴봐야 한다. 그러면 수익률이 안정적인 펀드인지, 시장 상황에 영향을 많이 받는 펀드인지 알 수 있다.

그러나 아무리 과거의 수익률을 분석한다 해도 미래의 수익률을 예측하기는 쉽지 않다. 펀드는 시장 상황에 따라 가격의 변동성이 크기 때문이다. 따라서 수익률이 높은 펀드 하나에 '몰빵'하지 말고 여러 유형의 펀드로 분산해 가입하기를 추천한다.

수익률 알림 서비스

펀드의 수익률을 매번 스마트뱅킹이나 인터넷뱅킹에 들어가 확인하려면 번거로울 수 있다. 이럴 땐 여러 은행과 증권사에서 제공하는 '펀드수익률 통보 서비스'를 이용해보자.

운영 방법은 금융기관마다 조금씩 다르지만, 언제든지 등록을 요청하면 보유한 펀드의 내역과 평가금액, 수익률 등을 이메일이나 휴대전화 문자메시지(SMS)로 정기적으로 제공해준다. 보통 일반 펀드는 월 1회 월말에 제공하며, 주가연계펀드(ELF)는 기준주가 확정 때, 조기상환 때, 조기상환 연기 때에 발송한다.

또 '목표(위험)수익률 알림 서비스'를 이용하는 것도 좋은 방법이다. 펀드계좌별로 목표 수익률과 금액, 위험수익률과 금액을 설정하면 그 한도에 도달했을 때 SMS로 통보해준다.

■ 펀드 수익률 종류별 계산법

*단순 수익률: 원금잔액 대비 수익금의 비율

수익금(평가금-원금잔액)÷원금잔액×100

*환산 수익률: 단순 수익률을 연간으로 환산한 비율

단순 수익률×12÷가입 개월

*실현 수익률: 지급(출금)된 건마다 실제로 실현된 수익률

[인출금액(원금+이익)-원금인출금액]÷원금인출금액×100

*총수익률(누적 수익률): 가입 시점부터 현재까지의 누적 수익률

[평가금액+인출금액(원금+이익)-원금]÷원금×100

적립식 펀드로
하락하는 증시에
베팅해볼까?

미국의 인플레이션 압박에 따른 금리 변동으로 연일 코스피 지수는 2,450선의 박스권에 머물러 있다. 이런 시장에서 수익을 내려면 어떻게 해야 할까? 증시가 바닥이라면 2~3년 후에 지금 투자하지 못했음을 아쉬워할 수 있기 때문이다. 지금 주식 시장에 들어가면 어떤 위험이 있는지와 들어가게 된다면 어떤 상품에 눈길을 줘야 하는지를 알아야 한다. 시장을 정확하게 분석하기 어렵다면 적립식 펀드를 추천한다.

미국의 높은 인플레이션과 우크라이나 전쟁 지속, 달러 강세 등으로 사회가 불안정하고 기업 실적 또한 상승과 하락이 반복되고 있다. 이런 시장에서는 몰빵보다는 적립식이나 분할 매수가 적절하다. 물론 지수의 하단을 예측하기 어렵고 시장의 불안감이 증대되고 있지만 적립식 펀드로 투자한다면 매입단가를 낮출 수 있는 기회를 얻을 수 있으므로 주식이 등락을 거듭하는 횡보장에서는 적립식 펀드가 유리하다.

적립식 펀드에 처음 가입하는 초보자라면 채권혼합형 상품을 우선 선택할 만하다. 주식 투자 비중이 전체의 20~40% 수준으로 나머지는 채권에 투자해 상대적으로 위험을 분산한 것이 특징이다. 원금 손실을 꺼리는 투자자들에게 제격이다.

펀드 가입할 때는 펀드 설정액이 꾸준히 늘고 펀드 관리 매니저가 자주 바뀌지 않는지 따져 봐야 한다. 펀드 운용 수익은 펀드 매니저의 자산운용 실력이 절대적으로 중요하다. 모 증권사 펀드 매니저는 개인적인 아픔을 겪고 나서 3개월 동안 펀드수익률 꼴찌를 기록한 적도 있다. 중소형사에서 좋은 수익률을 내는 펀드 매니저를 대형사에서 영입해간 뒤 해당 펀드 실적이 곤두박질친 사례도 있다.

펀드 설정액이 높다고 무조건 좋은 것은 아니다. 설정액이 1조 ~2조 원에 이르는 펀드도 있지만 설정액이 크면 펀드 매니저가 세세하게 투자 종목을 관리하기가 어려운 부분이 있다. 중소형주 위주의 펀드라면 설정액 500억~1조 원 규모가 적정하다.

과거 수익률만 맹신하는 것도 위험하다. 각 펀드 수익률은 한

두 달 전 지표로 시차가 있다. 펀드 수탁고가 늘어나면 늘어난 만큼 수익률이 올라가는 착시 현상도 존재해 수익률 분석은 전문가에게 요청하는 게 좋다. 적립식 펀드도 일반 주식 거래와 마찬가지로 이자소득세(15.4%)가 면제된다. 하지만 3개월 안에 환매하면 수익률의 70%를 수수료로 부담해야 한다. 판매수수료(1~2%)와 해마다 운용사에 지급하는 운용수수료(1.2~1.5%)가 있다는 사실도 유념해야 한다.

■ 적립식 펀드 초보 투자자를 위한 팁

1. 코스피가 2400인데 지금 들어가도 될까?
적립식 펀드는 매입 시기보다 환매 시기가 더 중요하다.

2. 초보자인데 어떤 상품이 좋을까?
채권혼합형(주식 비중 20~40%+채권) 펀드로 첫걸음하면 좋다.

3. 펀드 고를 때 뭘 우선적으로 봐야 하나?
설정액이 꾸준히 늘고 있고 운용역(펀드관리매니저)이 자주 바뀌지 않는 펀드를 골라야 한다.

4. 최근 3년 수익률이 좋으면 안심해도 되나?
과거 수익률도 중요하지만 금융시장 변수를 감안해 전문가에게 먼저 조언을 구하는 것이 좋다.

5. 전문가에게 또 뭘 물어야 하나?
샤프지수(위험부담 비중 대비 수익률)는 높고 표준편차지수(변동성 지표, 펀드 수익률이 평균에서 이탈하는 정도)는 낮은 상품을 골라 달라고 하면 좋다. 한국포스증권(www.fosskorea.com)이나 펀드 닥터(www.funddoctor.co.kr)에서도 확인이 가능하다.

6. 오늘 가입하면 오늘 종가가 바로 적용되나?

오후 5시 이전에 펀드를 가입해도 기준가 적용일은 이틀 뒤, 환매 때는 사흘 뒤라는 점을 주의해야 한다. 5시 이후에는 기준가 적용에 매입은 3일, 환매는 4일 소요된다.

펀드 상품에도
비과세가
있을까?

주식 시장이 좋아 너도 나도 주식 시장에 뛰어들던 시기에 M씨도 주식 계좌를 트고 개미 투자자에 합류했다. 당시는 저금리여서 대출을 받아 종잣돈을 마련했다. 처음에는 수익이 나서 매일매일 애플리케이션에 들어가 빨간색 향연을 즐겼는데, 요즘에는 파란색뿐이라 애플리케이션 실행을 안 한 지도 오래다.

그런데 주가는 불안하다며 은행에서 펀드에 가입한 친구가 수익률 20%가 났다며 자랑하는 게 아닌가. 주가 상승에 맞물려 상상 이상의 수익을 실현한 것이다. 중요한 점은 10% 수익 중에서 세금을 거의 납부하지 않았다는 것이다. 주식형 펀드의 경우 주식

매매차익과 평가차익에 대해서는 과세가 되지 않기 때문이다. 이
자에 일률적으로 세금이 붙는 예·적금과 달리 펀드는 수익의 종
류에 따라 과세 여부가 달라지기 때문에 잘만 활용하면 세금을 덜
내면서 수익을 더 높일 수 있다.

펀드 이익에 세금 얼마나 붙나

소득세법상 펀드 투자로 발생한 이익은 '배당 소득'으로 구분
하며 이자소득세율과 같은 15.4%가 적용된다. 그러나 채권, 주식,
부동산 등 다양한 상품에 투자하는 펀드는 수익의 종류에 따라 과
세 여부가 달라진다. 국내 펀드의 경우 채권 투자 때 발생하는 이
자소득과 자본이득, 주식 배당 소득은 과세 대상에 포함되지만 주
식 매매차익과 평가차익은 과세 대상이 아니다. 반면 해외 펀드는
주식 매매차익과 평가차익도 과세 대상에 포함된다.

개인종합자산관리계좌 ISA 비과세

2016년 출시된 ISA는 펀드계좌를 따로, 적금계좌를 따로 두는
게 아니라 하나의 계좌에 예금, 펀드, 주가연계증권(ELS) 등 다양
한 상품들을 넣어 통합적으로 관리하는 상품이다. 소득 조건에 따
라 만기 3년이나 5년으로 가입할 수 있는데 원금 손실 위험이 있
는 투자 상품을 포함할 수 있기 때문에 주의하여야 한다.

근로자, 사업자, 농어민 등 누구든 소득이 있다면 가입할 수 있

다. 계좌운용을 모두 전문가에게 일임하는 일임형과 투자 상품을 직접 선택하고 운용 지시하여 여러 상품을 편입할 수 있는 신탁형, 증권사에서만 가입이 가능하며 스스로 상품 선택 및 매매가 가능한 중개형 등이 있다.

납입한도는 연간 최대 2,000만 원이다. 계약 기간은 5년으로 1억 원까지 불입이 가능하다. 직전 연도 소득요건에 따라 일반형, 서민형, 농어민형으로 분류되며 200만~400만 원까지는 비과세가 적용되며, 비과세 기준을 초과한 나머지 수익에 대해서는 9.9% 분리과세가 적용된다.

■ 펀드 수익 비과세 여부

구분	수익	국내 펀드	해외 펀드
주식	(상장)주식 매매차손익	○	X투자 대상
	(상장)주식 평가차손익	○	
	상장된 주식 배당 소득	X	
채권	채권 매매차손익	X	
	이자	X	

처음이라면
원금 손실 위험 적은
채권형 펀드를!

펀드에 투자하고 싶지만 원금 손실이 두렵다면 채권형 펀드부터 시작해보자. 채권형 펀드는 은행의 정기 예금 금리에 '알파(a)' 수익률을 기대할 수 있으면서도 원금 손실이 많지 않고 비교적 안정적이어서 펀드 투자 초보자나 보수적인 성향의 투자자들에게 적합하다.

채권형 수익률은 금리 흐름에 영향

채권형 펀드란 국공채, 회사채, 기업어음(CP) 등 이자를 받을 수 있는 채권에 주로 투자하는 상품으로, 채권이 60% 이상 포함

돼야 한다. 전환 사채나 신주인수권부 사채 같은 주식 관련 사채의 운용은 가능하지만 주식에는 투자할 수 없다.

채권형 펀드의 장점은 채권 금리의 등락폭이 크지 않아 주식형 펀드보다 위험이 적고 안정적인 수익을 올릴 수 있다는 점이다. 또 주식형 펀드에 비해 보수도 낮은 편이다. 이 같은 장점으로 인해 국내외 정세가 불안하고 경기가 부진했던 최근 몇 년 동안은 채권형 펀드에 자금이 많이 몰렸다.

채권형 펀드에 투자하려면 우선 금리에 관심을 가져야 한다. 편입된 주식의 실체인 회사의 성장 가능성으로 판단하는 주식형 펀드와 달리, 기준금리의 인상과 인하에 따라 수익률이 달라지기 때문이다.

한국은행 금융통화위원회에서는 2023년 1월 기준금리를 3.5%로 2021년 말에 비해 금리를 3배 수준으로 올렸다. 미국의 기준금리는 4.5~4.75%로 우리나라와 1~1.25% 격차가 있다. 이렇게 되면 사실상 세계적으로 제1금융권에 해당하는 미국에 투자하기 위해 대규모 외국 자본의 이탈이 일어날 수 있어 한국은행 금융통화위원회도 금리 변화에 촉각을 곤두세우고 있다.

금리 하락기에는 장기 운용이 유리하다

금리 변화와 채권형 펀드의 수익률은 어떤 관계가 있을까? 채권형 펀드의 수익률은 금리와 역방향으로 움직인다. 금리가 상승하면 채권 가격은 하락하고 이로 인해 채권형 펀드의 운용 성과도 하락한다. 반대로 금리가 하락하면 채권 가격은 상승하고 채권형 펀드의 성과도 높아진다.

따라서 향후 금리 하락이 예상되는 현시점에서 채권형 펀드에 가입한다면 단기 채권에 투자하는 펀드보다는 장기 채권에 투자하는 펀드를 택하는 것이 좋다. 금리 변동에 따른 펀드 수익률의 변화가 상대적으로 적은 장기 채권형 상품에 투자하는 것이 위험을 줄일 수 있는 방법이다.

또 펀드 만기와 채권 만기를 일치시키는 매칭펀드, 하이일드펀드와 뱅크론펀드는 금리 상승기에 유리하므로 당분간은 가입을 신중해야 한다. 신용등급이 다소 낮은 채권에 투자하는 하이일드펀드는 금리 상승으로 채권값이 떨어질 때 이익을 얻는 역방향(인버스) 구조로 설계됐다. 뱅크론펀드는 투자등급이 낮은 기업들이 금융회사를 대상으로 발행하는 담보대출채권에 투자하는 상품으로, 금리가 고정된 일반 채권과 달리 변동금리가 적용되어 금리가 오를 때 활용하기 좋다. 2023년 현재 시장은 금리가 하락할 확률이 높으므로 장기 채권형 펀드에 투자하는 것을 추천한다.

채권혼합형, 알파 수익률 높일 수 있다

금리 하락이 예견되고 주식 시장이 저평가되었다고 생각하면 알파(a) 수익률을 좀 더 높일 수 있는 채권혼합형 펀드에 눈길을 돌려보자. 채권혼합형 펀드는 50% 미만을 주식에, 나머지는 채권에 투자하는 펀드를 말한다.

채권혼합형 펀드 가운데 공모주 펀드와 롱숏 펀드는 일정 수익률 이상을 내고 있다. 공모주 펀드는 채권 90%에 10% 이내의 공모주 주식을 편입하는 방법으로 운영된다. 롱숏 펀드는 상승이 예상되는 주식 종목을 매수하고 하락할 것으로 전망되는 종목은 공매도하는 전략을 활용해 수익률을 높인다.

해외 채권형 펀드나 채권혼합형 펀드도 관심을 가져볼 만하다. 글로벌 채권혼합형 펀드는 국내 및 해외 채권 투자를 통한 이자수익과 일부 해외 주식 투자를 통한 배당수익을 동시에 추구하는 펀드이다.

1년마다
수익률 따져보고
시장 흐름 따라 교체하라

펀드는 가입도 중요하지만 사후관리도 중요하다. 물론 시장 상황에 따라 매번 상품을 교체하는 것은 바쁜 현대인에게는 쉽지 않은 일이다. 그렇더라도 최소한 1년에 한두 번은 수익률과 상품의 구성을 체크해볼 필요가 있다. 자신이 가입한 금융 상품을 확인할 수 있는 연말 정산 때 1년 동안 자산이 얼마나 증가했는지를 점검해보는 것도 좋은 방법이다. '재테크의 달인'이 되려면 뭐니 뭐니 해도 부지런해야 한다.

1년에 한두 번 수익률과 포트폴리오 확인하기

금융 상품에 가입하고 그 이후로는 관심을 갖지 않는 사람이 의외로 많다. 큰 목돈을 넣은 펀드의 수익률에 대해서는 그래도 관심을 갖지만 연금 저축펀드, 적립식 펀드, 개인형 퇴직 연금(IRP), 변액 보험처럼 매월 일정한 금액을 투자하는 상품은 위험이 분산된다는 생각에 안심하고 방치하는 경우가 많다. 그러나 이런 상품들도 1년에 한두 번은 수익률과 포트폴리오를 점검해봐야 한다.

우선 연금 저축펀드부터 살펴보자. 연금 저축펀드는 MMF(머니 마켓펀드)를 기본계좌로 여러 종류의 펀드로 포트폴리오를 구성할 수 있다. 연금 저축펀드 계좌 내에서는 펀드를 자유롭게 교체할 수 있다. 해지만 하지 않는다면 세금을 추가로 내지 않아도 된다. 연금 저축펀드는 통상 급여에서 매월 소액으로 불입하는데 소액이라도 분산 투자가 가능하므로 국내와 해외펀드 등 다양한 유형의 상품으로 포트폴리오를 구성해보는 것도 좋다.

장기간 투자하는 적립식 펀드도 점검할 필요가 있다. 은행에서 판매하는 적립식 펀드는 최소 가입기간이 2년이다. 2년이 지난 후에도 수익률이 지지부진한 펀드는 보수(1.5~2%)만 지속적으로 차감되기 때문에 환매를 고려해봐야 한다. 주식시장은 끊임없는 변동성으로 인해 해마다 유행 상품이 달라진다. 그렇다고 운용 성과가 좋은 펀드에만 가입하라는 의미는 아니다. 적립식 펀드도 일정한 기간마다 증시의 흐름에 따라 변경해줘야 한다는 뜻이다.

펀드에 투자하는 연금과 보험도 점검하기

IRP와 변액 보험은 펀드는 아니지만 펀드상품으로 포트폴리오를 구성해 운용할 수 있는 만큼 정기적인 사후관리가 필요하다.

IRP는 노후에 대비해 연간 1,800만 원까지 적립한 뒤 55세 이후에 연금으로 받는 상품이다. 2017년 7월부터 가입 조건이 완화되면서 소득이 있는 사람이라면 누구나 가입이 가능해졌다. 특히 연말 정산 때 연간 최대 900만 원까지 13.2~16.5%의 세액 공제를 받을 수 있어 연말에 일시금으로 납입하는 사람이 많다.

따라서 포트폴리오를 점검하고 수익률을 체크하면서 올해의 투자 포트폴리오를 고민해보길 권한다. 고객들은 전문가가 아니므로 은행의 추천 포트폴리오를 참고하는 것이 현명한 방법이기도 하다.

변액 보험은 납입보험료에서 사업비 등을 제외한 금액을 펀드로 만들어 채권, 주식 등에 투자한 뒤 운용실적에 따라 수익을 주는 보험 상품이다. 변액 보험도 10년 이상 장기간 가입하므로 매년 수익률과 펀드의 운용 현황을 확인한 뒤 보험설계사의 도움을 받아 펀드자산 구성을 변경했으면 한다.

■ 상품 종류별 사후 관리 방법

상품	점검 내용
연금 저축 펀드	계좌 내에서 자유롭게 펀드 교체가 가능하므로 수익률을 확인해 보고 상품 변경을 고려해본다.
적립식 펀드	가입 기간이 2년 이상이며 매년 보수(1.5~2%)가 차감되므로 수익률을 확인해보고 환매를 고려해본다.
개인형 퇴직 연금(IRP)	연말 일시금으로 불입하는 경우 포트폴리오를 신중히 짜서 선택한다.
변액 보험	주식시장의 흐름에 따라 주기적으로 펀드 상품 교체를 고려해본다.

지금, 자산 상태를 점검해보세요

책을 쓰면서 지금까지 은행원으로서 상담했던 다양한 사례를 정리해보았습니다. 그러면서 그동안 나와 상담했던 고객들은 과연 재테크에 성공했을까 하는 의문이 생겼습니다.

처음 재무 상담을 하러 오면 수입과 지출 그리고 현재 보유하고 있는 금융 상품들을 함께 파악해봅니다. 재무 진단지를 체크해보기가 끝나면 대부분의 고객이 생활 패턴을 점검해보는 계기가 되었다고 말합니다. 그리고 뭔가 깨달음을 얻었다며 감사를 전해오는 이도 있습니다.

요즘은 인터넷뱅킹이나 스마트뱅킹으로 웬만한 은행 업무를 볼 수 있어서 은행 창구에 직접 나갈 일이 1년에 손에 꼽힐 정도로 적습니다. 은행을 방문해야 직원들이 권하는 다양한 금융상품에도 관심을 가질 수 있는데 그런 기회가 점점 줄어드는 것 같습니다.

재테크 정보를 얻고자 한다면 대개 유튜브, 블로그, 구글 검색 등을 이용하는 듯합니다. 마음만 먹으면 쉽게 정보를 얻을 수 있는데, 정작 내 자산에는 활용하지 못하는 경우가 허다합니다. 자산 관리 및 자금 계획을 '다음'으로 미루기 때문이겠지요. 혹은 차곡차곡 모으는 방법을 선호하지 않는 사람일 수도 있습니다.

시작이 반이라는 말은 자산 관리에도 해당합니다. 이번 기회에 나의 자산 상태는 어떤 상황인지 점검해보면 어떨까요. 이 책을 읽고 자산을 점검해볼 마음이 생겼다면 지은이로서 이보다 더 큰 기쁨이 없을 것 같습니다. 부디 자금 계획을 성공적으로 유지해 원하는 목적 자금을 이루길 바랍니다.

월급
200만원인데
1억 어떻게
모으지?

초판 1쇄 발행 2023년 3월 31일
초판 2쇄 발행 2023년 6월 5일

지은이 김형리
책임편집 하진수
디자인 그별
펴낸이 남기성

펴낸곳 주식회사 자화상
인쇄,제작 데이타링크
출판사등록 신고번호 제 2016-000312호
주소 서울특별시 마포구 월드컵북로 400, 2층 201호
대표전화 (070) 7555-9653
이메일 sung0278@naver.com

ISBN 979-11-91200-73-7 13320